westermann

COOL @ SCHOOL mit MAVIE

Deutsch
Grammatik
5./6. Klasse

W0391515

COOL@SCHOOL mit MAVIE

Mavie Noelle ist Youtuberin, Schülerin, Turnerin, BFF, Schwester, Katzenfreundin ... In diesem Trainingsbuch gibt sie praktische Tipps für den Durchblick beim Lernen und die Entspannung zwischendurch. Seit 2015 ist Mavie mit ihrem Youtube-Kanal online und postet regelmäßig Videos zu Schule, Sport, Styling und vielem mehr.

Helmut Lindzus unterrichtet Deutsch und Sport an einer Gesamtschule. Außerdem bildet er an einem Studienseminar Lehrerinnen und Lehrer für das Fach Deutsch aus. Er hat zahlreiche Lernhilfen und Schulbücher veröffentlicht.

westermann GRUPPE

Die Beiträge von Mavie Noelle wurden vermittelt durch die Textbaby Medienagentur, www.textbaby.de
Instagram: @mavie_noelle | tiktok: noelle.mavie | Website: https://mavienoelle.de | Youtube: Mavie Noelle

Druck A[1] / Jahr 2022
Alle Drucke der Serie A sind im Unterricht parallel verwendbar.

Redaktion: imprint, Zusmarshausen, Ilona Külen
Illustrationen: Evelyn Neuss, Hannover
Umschlaggestaltung und Layout: Janssen Kahlert Design und Kommunikation GmbH, Hannover
Umschlagfoto: © Mavie Noelle
Druck und Bindung: Westermann Druck GmbH, Georg-Westermann-Allee 66, 38104 Braunschweig

ISBN 978-3-07-**241004**-5

Hallooo, hallihallo, ich bin's – eure Mavie!

Schule ist ja im Großen und Ganzen sehr in Ordnung, finde ich. Aber manchmal hakt's am Durchblick. Für diesen Fall hast du genau das richtige Buch in der Hand:

COOL@SCHOOL mit MAVIE
macht Deutsch-Lernen einfacher!

Helmut Lindzus kennt sich als Lehrer bestens mit Grammatik-Schwierigkeiten aus. Er erklärt den Stoff so, dass du ihn verstehst, und gibt auch noch ganz viele **Tipps** dazu. Außerdem hat er sich für dieses Buch massenhaft gute **Übungen** ausgedacht. Nach jedem Thema gibt es einen **Test**: Dann kannst du sehen, wie du dich verbessert hast! Lösungen zu allen Aufgaben findest du ab Seite 112.

Immer nur üben geht natürlich gar nicht. Deswegen habe ich für dich ein paar **Extra-Mavie-Seiten** im Buch versteckt: mit Geheimtipps für smartes Lernen (selbsterprobt), superleckerem Brainfood, DIYs und Entspannung!

Wenn der Platz im Buch mal nicht ausreicht, schreibst du einfach auf einem Extra-Blatt weiter.

Und das Beste ist: Immer, wenn du dieses Sternchen siehst, kannst du einen **Sticker** auf meine Autogrammkarte hinten im Buch kleben. Freu dich nach allen geknackten Grammatik-Challenges über die vollständige **Mavie-Autogrammkarte**!

Und jetzt ran ans Lernen – viel **Spaß** und **Erfolg**!

Deine

PS: Alle meine Trainingsbücher findest du auf lernando.de/mavie-noelle.

INHALT

*Wenn du ein Thema bearbeitet hast,
kannst du es abhaken ✓.
So hast du deine Erfolge immer im Blick!*

1 Nomen

2 Pronomen

3 Adjektive

4 Verben

5 Satzglieder

6 Satzarten

1 NOMEN

Nomen sicher erkennen

REGEL

Nomen bezeichnen Lebewesen, Dinge, Vorstellungen oder Empfindungen.
Beispiele Lebewesen: *Kind, Mensch, Vogel, Rose, Käfer*
Beispiele Dinge: *Holz, Schiff, Tasche, Treppe*
Beispiele Vorstellungen/Empfindungen: *Liebe, Hoffnung, Trauer*
Nomen werden immer großgeschrieben.

Folgende Hilfen erleichtern dir das Erkennen von Nomen:

1. Man erkennt Nomen meistens daran, dass vor ihnen **Signalwörter wie Artikel oder Pronomen** stehen.
   Beispiel: *der Brief, das Geschenk bzw. mein Buch, sein Haus*
2. Häufig steht das **Signalwort nicht direkt vor dem Nomen**.
   Manchmal steht zum Beispiel ein Adjektiv dazwischen.
   Beispiel: *das blaue Fahrrad, die strahlende Sonne*
3. Manchmal ist der **Artikel auch in einem anderen Wort** enthalten.
   Beispiel: *im = in dem, beim = bei dem, ins = in das, zur = zu der*
4. Wenn ein Signalwort fehlt, kann man zur **Probe einen Artikel oder ein Adjektiv** in Gedanken einsetzen.
   Beispiel: *Lesen macht Spaß – (das) Lesen macht Spaß*
   vor Freude hüpfte er – vor (großer) Freude hüpfte er

1 **Finde die Fehler, markiere sie und schreibe den Text dann richtig ab.**

Der Besuch im Zoo war ein lang geäußerter wunsch. Benjamin freute sich besonders auf die Tiere im affengehege. Die Enten, die seine Eltern auf dem teich am eingang bewunderten, interessier-ten ihn nicht. Er hatte etwas glück, dass sie Freunde trafen, die auch zu den Affen wollten.

2 **Unterstreiche alle Wörter, die Nomen sind und deshalb großgeschrieben werden müssten. Unterstreiche auch die Satzanfänge.**

ärger bei den affen

bei den affen gab es ärger, weil die tiere sich um einen lappen stritten, den sie dem tierpfleger aus der hosentasche gestohlen hatten. das kleinste tier der gruppe erwischte schließlich das tuch und flüchtete damit auf den höchsten und dünnsten ast des kletterbaums im gehege. aus übermut winkte es seinen verfolgern mit dem putztuch zu und klatschte sich selbst heftig beifall.

TIPP

Beachte, dass in **Überschriften** und **Satzanfängen das erste Wort immer großgeschrieben wird**, auch wenn es kein Nomen ist.

3 **Bilde aus folgenden Wörtern Nomen, indem du die passende Nachsilbe verwendest.**

hoffen	Hoffnung	entdecken	
nützlich		versäumen	
warnen		bescheiden	
frech		richtig	
erzählen		einsam	
gestehen		leiten	

TIPP

Bei Wörtern mit den **Nachsilben -nis, -heit, -keit, -schaft, -tum und -ung** handelt es sich auch um **Nomen**.
Beispiel: *Erlaubnis, Faulheit, Heiterkeit, Leidenschaft, Reichtum, Übung*

Geschlecht und Numerus des Nomens

REGEL

Nomen haben ein **Geschlecht** (Genus) und einen **Numerus**.

1. Das **grammatische Geschlecht eines Nomens** erkennst du am **Artikel**. Nomen können männlich (**Maskulinum**), weiblich (**Femininum**) oder sächlich (**Neutrum**) sein.
   Beispiel: *der Boden (Maskulinum), die Luft (Femininum), das Wasser (Neutrum)*

2. Bei zusammengesetzten Nomen (Komposita) richtet sich das Geschlecht nach dem letzten Wort der Zusammensetzung.
   Beispiel:
   das Haus (Neutrum) + die Tür (Femininum) = die Haustür (Femininum)

3. Je nachdem, ob **ein Nomen ein Ding oder mehrere Dinge** bezeichnet, steht es im entsprechenden **Numerus**. Die meisten Nomen können im **Singular** (Einzahl) oder **Plural** (Mehrzahl) stehen.
   Beispiel: *das Kind – die Kinder, das Fahrrad – die Fahrräder*
   Es gibt einige Ausnahmen:
   a) Einige Nomen können keinen Plural bilden.
      Beispiel: *die Wut, das Laub*
   b) Einige Nomen kommen nicht im Singular vor.
      Beispiel: *die Eltern, die Ferien*

4 **Finde die Fehler, markiere sie und schreibe den Text dann richtig ab.**

Ein großer Schrecken
Die Garagentor war hinter uns automatisch zugefahren.
Der plötzliche Finsternis kam für uns völlig überraschend.
Eigentlich wollten wir nur schnell unsere Fahrrads abstellen.
Jetzt saßen wir in die Dunkelheit fest.

5 **Bestimme das Geschlecht der folgenden Nomen. Ordne sie in die Tabelle ein und ergänze den richtigen Artikel:**

~~Hund~~ • Schwein • Mond • Geschirr • Hallenbad • Sonne • Wattetupfer • Pumpe • Geschirrspüler • Nachbar • Stille • Trampolin • Dachlatte • Mumie • Halsband

Maskulinum	Femininum	Neutrum
der Hund		

TIPP

Einige Nomen haben zwei oder sogar drei Geschlechter. Das Geschlecht des Nomens hängt dann von seiner Bedeutung ab.

Beispiel: *der Tau = Luftfeuchtigkeit, das Tau = Seil*

6 **Bestimme die möglichen Geschlechter folgender Nomen, indem du den jeweiligen Artikel ergänzt.**
Erkläre die unterschiedlichen Bedeutungen.

Nomen	Geschlecht	Bedeutung
Steuer		
Leiter		
Band		
Kiefer		
See		

7 **Füge die Nomen in Klammern in der richtigen Form in den Lückentext ein. Manchmal passt auch die Form aus der Klammer.**

Schreck am Nachmittag

Wir hatten uns beim Abstellen unserer .... (Fahrrad) selbst in der .... (Garage) eingesperrt, da beide .... (Tor) sich automatisch geschlossen hatten. Heftiges .... (Klopfen) und laute .... (Schrei) halfen nichts. Zum Glück ließen zwei kleine .... (Fenster) etwas .... (Licht) in die Dunkelheit. Auszusteigen war aber unmöglich, da .... (Gitterstab) zum Schutz vor .... (Einbrecher) angebracht waren. Wir untersuchten die .... (Kiste), ... (Plastiktüte) und .... (Gerät), die in den .... (Ecke) herumlagen, nach möglichem .... (Werkzeug).

8 **Unterstreiche die Nomen, die keinen Plural oder keinen Singular bilden können. Manchmal haben Plural und Singular die gleiche Form.**

Geschwister • Mutter • Laub • Ferien •
Hobby • Gold • Bild • Trümmer • Gast •
Getreide • Garten • Gebirge • Gans •
Schuh • Pocken • Obst • Frucht • Kälte •
Lehrer • Möbel • Haus • Leute

So hat Schulfrust keine Chance

n manchen Tagen habe ich das Gefühl, voll auf dem Schlauch zu stehen: 'ie hängt das alles noch mal zusammen? Warum versteh ich das nicht? nd warum hab ich null Überblick? Ich bin einfach zu doof ...

N E I N !

lles eine Frage der **EINSTELLUNG**!

chlechte Gedanken haben wir alle mal. Die Frage ist, was du draus machst: iese Laune oder Energie-Kick für eine **Extraportion Motivation**?

Ich bin nicht schlau.	*Ich werde schlauer, wenn ich übe.*
Ich hab die letzte Arbeit verhauen, da kann ich jetzt auch aufgeben.	*Ich hab's verhauen, aber jetzt ändere ich die Strategie.*
Ich kapiere den Stoff einfach nicht.	*Ich verstehe den Stoff NOCH nicht, aber ich versuche es weiter.*
Entweder man ist halt gut in der Schule oder halt nicht.	*Ich kann alles lernen, was ich möchte, wenn ich es weiter versuche.*

THINK OSITIVE

Lass dich nicht unterkriegen. **Du kannst mehr schaffen, als du vielleicht denkst.** Such dir Hilfe auf dem Weg dahin – du musst nicht alles allein hinbekommen! Dass du dieses Buch in den Händen hältst, kann schon ein Schritt in die richtige Richtung sein.

Nomen im richtigen Fall verwenden

REGEL

Nomen verändern sich, je nachdem wie sie im Satz verwendet werden. Sie stehen dann in einem der **vier Fälle**, die es in der deutschen Sprache gibt.

Beispiel:

a) Der Mann fährt in die Stadt. → *1. Fall: Nominativ*
b) Das Auto des Mannes ist neu. → *2. Fall: Genitiv*
c) Das Auto gehört dem Mann. → *3. Fall: Dativ*
d) In der Stadt treffe ich den Mann. → *4. Fall: Akkusativ*

Diese Veränderungen des Nomens nennt man **Beugung** bzw. Deklination. Die Beugung des Nomens ist **abhängig vom Genus und Numerus**.

Singular	**Nominativ**	der Mann	die Frau	das Kind
	Genitiv	des Mannes	der Frau	des Kindes
	Dativ	dem Mann	der Frau	dem Kind
	Akkusativ	den Mann	die Frau	das Kind

Plural	**Nominativ**	die Männer	die Frauen	die Kinder
	Genitiv	der Männer	der Frauen	der Kinder
	Dativ	den Männern	den Frauen	den Kinder
	Akkusativ	die Männer	die Frauen	die Kinder

9 **Finde die Fehler, markiere sie und schreibe den Text dann richtig ab.**

Da er sehr müde war, legte er sich auf dem Rasen. Das Geschrei des Bruder störte ihn nicht. Schnell schlief er tief ein und träumte von den Stränden des Mittelmeer. Erst das Wasser des Rasensprenger riss ihn aus den Traum. Sein kleiner Bruder hatte den Strahl auf dem Schlafenden gerichtet.

10 **Präge dir die gebeugten Formen auf der vorherigen Seite zunächst ein.
Ergänze dann, möglichst ohne nachzuschauen, die folgenden Tabellen.**

Singular	Nominativ	der Hund	die Schwester	das Haus
	Genitiv			
	Dativ			
	Akkusativ			

Plural	Nominativ	die Hunde		
	Genitiv			
	Dativ			
	Akkusativ			

11 **Bestimme Genus, Numerus und Fall der folgenden Nomen. Manchmal gibt es beim Fall zwei Möglichkeiten. Trage dann beide in die jeweilige Zeile ein.**

Nomen	Genus	Numerus	Fall
des Menschen	Maskulinum	Singular	Genitiv
der Katze			
den Gärtnern			
das Boot			
den Lehrerinnen			

12 **Setze die richtig gebeugten Nomen mit dem dazugehörigen Artikel in die Lücken ein. Manchmal gibt es zwei Möglichkeiten.**

Spaß im neuen Freibad

Schon der Eingangsbereich des Schwimmbades (Schwimmbad) ist nach der Renovierung vollständig geändert. Große Tafeln weisen .... (Badegast) den Weg zu den Umkleidekabinen. Für .... (Babys) gibt es ein Planschbecken. Die Temperatur .... (Becken) beträgt 30 Grad Celcius. Das große Schwimmbecken lockt mit seinen 50-Meter-Bahnen .... (Sportschwimmer). Die Wasserrutschen aber ziehen .... (Kind) an. Für .... (Angsthase) gibt es eine ganz flache Rutsche; für die Mutigen eine Turbo-Rutsche, auf der man flach auf .... (Rücken) liegend in .... (Flut) schießt. Das Gefälle ist .... (Erwachsene) meist viel zu steil. Sie gehen lieber in .... (Ruhezone), um dort auszuspannen. Wer keine Liege mehr bekommt, legt sein Badetuch auf .... (Rasen).

An dieser Stelle .... (Bad) stört .... (Geschrei) bei .... (Rutsche) kaum. Nur die laute Stimme .... (Bademeister) ist von Zeit zu Zeit zu hören, wenn er durch .... (Lautsprecher) Gäste ermahnt, die sich nicht an ....

(Baderegeln) halten. Auf jeden Fall hat sich .... (Umbau)

.... (Freizeitanlage) für ....

(Badegast) gelohnt. Wenn es morgen in .... (Schule)

Hitzefrei gibt, werde ich wieder schwimmen gehen.

13 **Bilde Sätze, in denen die Nomen aus der Wortliste vorkommen.**
Achtung: Zum letzten Nomen müssen zwei Sätze gebildet werden, da zwei Fälle möglich sind.

dem Musiker • den Pferden • des Bildes • der Schwester

....

....

....

....

....

....

....

....

....

....

Manchmal ist es schwierig zu entscheiden, ob das Nomen im Dativ oder im Akkusativ stehen muss.
Folgende Fragen helfen dir:
*Auf „**Wem?**" bzw. „**Wo?**" folgt der **Dativ**,*
*auf „**Wen?**" oder „**Wohin?**" der Akkusativ.*
Beispiele:
Ina gibt dem Onkel das Buch. – Wem gibt sie das Buch? = Dativ
Lisa besucht den Onkel. – Wen besucht sie? = Akkusativ
Das Buch liegt auf dem Tisch. – Wo liegt das Buch? = Dativ
Jo legt sich auf das Bett. – Wohin legt er sich? = Akkusativ

14 **Ergänze in den folgenden Sätzen die fehlenden Artikel. Entscheide, ob das Nomen im Dativ (D) oder im Akkusativ (A) steht.**

Heute fahren wir in den Zoo. (A)

a) Der Zoo liegt in .... Teil der Stadt, den ich gut kenne. (........)

b) Maria sitzt in .... Apfelbaum auf der linken Seite des Gartens und beobachtet, wie Peter in .... anderen Baum klettert. (........ ....)

c) Die Tante will mit .... Kindern spielen und legt das Spielbrett deshalb auf .... Tisch. (........ ....)

d) Die Oma liest ihren Enkeln aus .... Märchenbuch vor, das sonst in .... Kommode aufbewahrt wird. (........ ....)

e) Pia bringt .... großen Bruder ein Tuch in .... Garten. (........ ....)

f) Er setzt sich mit .... Stuhl an .... gedeckten Tisch. (........ ....)

g) Mit .... Zug sind wir schneller als mit .... Bus. (........ ....)

h) Sven fährt mit .... Rad über .... Marktplatz. (........ ....)

Like!
Zeit für einen Mavie-Sticker!

Bestimmter oder unbestimmter Artikel?

REGEL

Artikel, die als Begleiter beim Nomen stehen, können **bestimmt** (der, die, das) oder **unbestimmt** (ein, eine, ein) sein.

1. Unbestimmte Artikel werden gebraucht, wenn ein **Nomen zum ersten Mal in einem Text verwendet wird** oder die damit verbundene Information unbekannt und neu ist.
   Beispiel: *In Nachbars Garten steht ein Kirschbaum.*
2. Der bestimmte Artikel wird gebraucht, wenn ein **Nomen in einem Text schon einmal vorgekommen** oder die Information bereits bekannt ist.
   Beispiel: *In Nachbars Garten steht ein Kirschbaum.*
   Der Kirschbaum trägt im Frühling tolle Blüten.

Im Singular richten sich der bestimmte und unbestimmte Artikel im Geschlecht und im Fall nach dem Nomen, das sie begleiten.
Im Plural kommt der unbestimmte Artikel nicht vor.
Beispiel: *der Hund, das Gebell des Hundes*
eine Blume, der Geruch einer Blume

15 **Vervollständige die Tabelle.**

Singular	Nominativ	ein Bauer	eine Geige	ein Pferd
	Genitiv			
	Dativ			
	Akkusativ			

16 **Finde die Fehler, markiere sie und schreibe den Text dann richtig ab.**

An einer Haltestelle „Lindemannstraße" stieg eine Kontrolleur in den Bus. Der Junge im hinteren Teil des Busses bekam sofort ein roten Kopf, weil er ein Ticket, das er gekauft hatte, wohl nicht an einem Automaten am Eingang des Busses abgestempelt hatte.

17 **Entscheide, ob im Text der unbestimmte oder bestimmte Artikel verwendet werden sollte. Streiche den nicht passenden Lösungsvorschlag deutlich durch.**

Stromausfall

Sarah war 11 Jahre alt, als ihre Eltern sie **eines • des** Abends zum ersten Mal alleine in **einer • der** Wohnung ließen, weil sie zu **einer • der** kranken Bekannten gehen wollten. Sarah setzte sich gemütlich in **einen • den** Fernsehsessel ihres Vaters, um sich **einen • den** Film im Fernsehen anzusehen. Da gab es plötzlich **einen • den** lauten Knall und die ganze Wohnung war stockfinster. **Ein • Der** Knall kam so überraschend, dass Sarah vor Schreck **einen • den** Schrei ausstieß und **ein • das** Glas mit Orangensaft, das sie sich kurz zuvor aus **einem • dem** Kühlschrank geholt hatte, auf **einen • den** Teppich fallen ließ. Wahrscheinlich hatte es **einen • den** Kurzschluss gegeben und eine Sicherung war herausgesprungen. Sarah wusste, dass es im Keller **einen • den** Sicherungskasten geben musste. Sie nahm sich vor, **einen • den** Kasten im Keller zu suchen. Dunkler als in **einem • dem** Wohnzimmer konnte es in **einem • dem** Keller nicht sein. Gerade in **einem • dem** Augenblick, als sie **eine • die** automatisch abgeschaltete Sicherung gefunden hatte, hörte sie **einen • den** Wagen ihrer Eltern in **einer • der** Garage. Auch wenn **ein • das** Licht wieder brannte, war Sarah froh.

Brainfood tut dem Brain gut

Morning-Pizza

Ein Tag ohne leckeres Essen ist wie ein Sommer ohne Sonne. Es ist sooo cool, sich auf Snacks oder Mahlzeiten zu freuen! Für mich ist das eine echte Belohnung.

YUMMY

Mir macht schon die Zubereitung Riesenspaß. **Selbstgemacht** schmeckt's gleich doppelt gut! Und meine ***super easy*** und ***mega tasty*** Rezepte sind ganz nebenbei gut für ein fittes Gehirn. Schlau essen für 'nen klugen Kopf – STRIKE!

Pizza zum Frühstück?! Klar, geht alles! Mit meiner **Morning-Pizza**!!!

Du brauchst für den Teig **100 g feine Haferflocken, einen EL Honig, einen EL Karamellsirup** und **etwas Wasser**.
Für den Belag nimmst du deinen **Lieblingsfruchtquark** und dein **Lieblingsobst**.

Hmmm – leckerer geht morgens nicht!

Los geht's: **Vermische** Haferflocken, Honig, Karamell und Wasser in einer Schüssel. Du kannst auch kneten, dann klappt's noch besser. Wenn du eine **gleichmäßige Masse** hast, drückst du sie in eine **kleine Springform**. Backe den Boden bei **180 °C für 20 Minuten** im Ofen. Raus damit und etwas **abkühlen** lassen.

Jetzt **Quark** und **Obst** darauf verteilen. Wenn du willst, kannst du noch Puderzucker oder Schokocrunch darüberstreuen.

ABSCHLUSSTEST

1 **Schreibe den Text ab. Achte dabei auf die korrekte Großschreibung der Nomen, Eigennamen und Satzanfänge.**

FÜTTERUNG DER SEELÖWEN

AUF DEM WEG ZU DEN SEELÖWEN MUSSTE BENJAMIN EINER UMLEITUNG FOLGEN, DA BAUARBEITER MIT DER VERLEGUNG EINES KANALROHRS BESCHÄFTIGT WAREN. BENJAMINS ELTERN ZEIGTEN VERSTÄNDNIS DAFÜR, DASS ER SIE ZUR EILE ANTRIEB. EINE GEWISSE PÜNKT-LICHKEIT WAR SCHON NOTWENDIG, WENN MAN EINEN GUTEN PLATZ VOR DEM BECKEN HABEN WOLLTE. BEI SEINER ANKUNFT STELLTE BENJAMIN MIT ZUFRIEDENHEIT FEST, DASS ER FÜR DEN BEGINN DER FÜTTERUNG NOCH NICHT ZU SPÄT WAR. IN GESPANNTER ERWARTUNG HATTEN SICH ALLE TIERE BEREITS VOR DER GITTERTÜR EINGEFUNDEN, DURCH DIE DER TIERPFLEGER IM NÄCHSTEN AUGENBLICK MIT DEM EIMER VOLLER FISCHE KOMMEN MUSSTE. WEGEN DER VERZÖGERUNG KAM ETWAS UNRUHE BEI DEN TIEREN AUF.

= erreichte Punktzahl / maximale Punktzahl **35**

2 **Füge fehlende Artikel in die Lücken ein. Schreibe außerdem die Nomen in Klammern im richtigen Numerus auf die entsprechende Linie. Achtung: Einige Nomen bilden keinen Plural.**

Befreiung aus der Garage

.... dunkle Garage war fast zwei Stunden unser Gefängnis. Da unsere .... (Eltern) in der Stadt zum Einkaufen waren, hofften wir, dass unsere .... (Nachbar) etwas merken würden. Alle .... (Versuch) hatten gezeigt, dass sich .... (Garagentor) von innen nicht öffnen ließen. .... Wagenheber, ... kleine Gartenharke und andere .... (Gegenstand), die wir in der Garage gefunden hatten, waren als Werkzeug ungeeignet. Erst gegen Abend haben meine beiden .... (Schwester) unser .... (Fehlen) bemerkt. .... Fernbedienung, die sie aus dem Haus holten, funktionierte zum Glück. Auch unsere technisch interessierten .... (Vater) konnten sich .... Problem nicht wirklich erklären.

maximale Punktzahl **13** / erreichte Punktzahl =

3 **Füge den passenden Artikel in die ...... Lücken ein. Schreibe außerdem die Nomen aus der Wortliste in der richtig gebeugten Form auf die entsprechende Schreiblinie ....**

Mountainbike • Geschäft • Preis • Traum · Geschwister · Angebot • Lager

Mein neues Mountainbike

Gestern bin ich mit ...... Eltern und den ...... in ...... Stadt gefahren, um ein neues ...... für mich zu kaufen. Die ...... in ...... ersten Geschäft, das wir aufsuchten, waren sehr günstig. Obwohl mir ...... Farben nicht gefielen, hätte ich wegen .... dem Wunsch ...... Eltern fast nachgegeben. Im ...... des ...... befand sich zum Glück ...... angebotene Rad noch in ...... richtigen Farbe. Man muss den ...... und ...... Hoffnung einfach etwas Zeit und Raum geben.

= erreichte Punktzahl / maximale Punktzahl **16**

4 **Bestimme Geschlecht, Numerus und Fall der folgenden Nomen.**

das Fahrrad ......

die Farben ......

im Lager ......

= erreichte Punktzahl / maximale Punktzahl **11**

5 **Entscheide, ob in den Sprichwörtern der bestimmte oder der unbestimmte Artikel verwendet werden muss.**

Deutsche Sprichwörter

.... blindes Huhn findet auch mal .... Korn.

Auf .... Bein kann man nicht stehen.

.... frühe Vogel fängt .... Wurm.

.... Zeit heilt alle Wunden.

.... nackten Mann kann man nicht in .... Tasche fassen.

.... Hand wäscht .... andere.

.... Hunger kommt beim Essen.

.... Klügere gibt nach.

.... Nagel auf .... Kopf treffen.

.... alten Baum verpflanzt man nicht.

maximale Punktzahl **15** / erreichte Punktzahl =

Kontrolliere deine Ergebnisse mithilfe der Lösungen (Seite 115 / 116), addiere dann die erreichten Punkte.

☐ 90 bis 45 Punkte: ☐ 44 bis 20 Punkte: ☐ 19 bis 0 Punkte:

Gesamtpunktzahl von max. **90**

2 PRONOMEN

Personalpronomen: Wiederholungen vermeiden

REGEL

1. **Personalpronomen** (persönliche Fürwörter) können Nomen oder Namen ersetzen, um **Wortwiederholungen zu vermeiden**.
   Beispiel: *Das Fahrrad gehört Bernd. Das Fahrrad war sehr teuer.*
   Besser: Das Fahrrad gehört Bernd. Es war sehr teuer.

2. **Personalpronomen** kommen im Singular und im Plural in drei Personen vor. Nur in der **3. Person Singular** wird zwischen **Maskulinum**, **Femininum** und **Neutrum** unterschieden.
   Genau wie Nomen können Personalpronomen **in verschiedenen Fällen** auftreten.

Singular	1. Person	2. Person	3. Person Mask.	3. Person Fem.	3. Person Neut.
Nominativ	ich	du	er	sie	es
Genitiv	meiner	deiner	seiner	ihrer	seiner
Dativ	mir	dir	ihm	ihr	ihm
Akkusativ	mich	dich	ihn	sie	es

Plural	1. Person	2. Person	3. Person
Nominativ	wir	ihr	sie
Genitiv	unser	eurer	ihrer
Dativ	uns	euch	ihnen
Akkusativ	uns	euch	sie

TIPP

Ersetze nur dort Namen oder Nomen durch Personalpronomen, wo der Bezug eindeutig ist! Sonst kann es zu Missverständnissen kommen.
Beispiel: *Der Hund biss solange in den Luftballon, bis er platzte.*

1 **Schreibe die folgenden Sätze als zusammenhängenden Text ab. Ersetze dabei Nomen oder Namen durch passende Personalpronomen, wenn es sinnvoll ist.**

Unfreiwillige Zeugen

- Kai und Lars hatten beobachtet, wie zwei maskierte Männer in die Bank einstiegen.
- Kai und Lars kamen zufällig beim Gassi gehen mit ihrem Hund Rex an der Bank vorbei.
- Rex schlug an, als Kai und Lars sich der Bank näherten.
- Kai wollte sofort umkehren, aber Lars forderte ihn zum Bleiben auf.
- Kai war kein Angsthase, meinte aber, es sei besser Hilfe zu holen.
- Gemeinsam versuchten Kai und Lars, Rex zu beruhigen, damit die Einbrecher nicht auf sie aufmerksam wurden.
- Noch schienen die Einbrecher aber nicht bemerkt zu haben, dass sie beobachtet wurden.
- Der größere Mann half dem kleineren beim Einstieg in ein aufgebrochenes Fenster der Bank.
- Mit dem Rücken an die Wand gelehnt, bildete der größere Mann mit den Händen eine Art Trittleiter.
- Lars wollte noch dichter an das Bankgebäude heran, als auch der größere Mann schließlich im Fenster verschwunden war.

2 **Finde die Wortwiederholungen, markiere sie und schreibe den Text dann richtig ab.**

Ich habe gestern einen Krimi im Fernsehen gesehen. Der Krimi war unglaublich spannend und handelte von zwei Verbrechern. Die Verbrecher versuchten, sich gegenseitig die Schuld zuzuschieben, als sie gefasst wurden. Beide hatten den Plan für das Verbrechen ausgeheckt, aber jeder behauptete, der andere habe den Plan alleine entwickelt und durchgeführt. Die Ermittlungsbeamten wussten nicht, wem sie glauben sollten.

3 **Füge die richtige Form des Personalpronomens in die Lücken ein. Beachte dabei, in welchem Fall das Personalpronomen stehen muss.**

Der größere Mann half ihm beim Einsteigen. (der kleinere Mann)

a) Im Fenster stehend zog er .... zu sich hoch. (der kleinere Mann)

b) Die Einbrecher hatten .... noch nicht bemerkt. (die Jungen)

c) Aus der Entfernung schauten wir .... zu. (die Einbrecher)

d) Wir hielten .... die Schnauze zu. (Rex, der Hund)

e) Jetzt konnte .... nur noch leise winseln. (Rex)

4 **Lies Kais Zeugenaussage. Entscheide, ob besser ein Personalpronomen zu verwenden ist oder nicht. Streiche den weniger gut passenden Vorschlag durch.**

Kais Bericht

Lars und ich • Wir haben gestern Abend zufällig zwei Männer in der Nähe der Sparkasse an der Scharnhorststraße beobachtet. **Die Männer • Sie** fielen **Lars und mir • uns** auf, weil unser Hund Rex plötzlich zu knurren begann. **Rex • Ihm** und **Lars und mir • uns** kam das Verhalten der Männer sofort sehr merkwürdig vor. **Lars • Er** wollte unbedingt alles ganz genau aus der Nähe beobachten. Ich konnte **Lars • ihn** einfach nicht aufhalten, sich unnötig in Gefahr zu begeben. **Rex • Er** war auch kaum zu beruhigen und hätte **Lars und mich • uns** fast verraten. Ich wollte **diesen Männern • ihnen** in der Dunkelheit auf keinen Fall zu nahe kommen. Zum Glück hat die Alarmsirene **die Männer • sie** vertrieben, bevor etwas Schlimmeres passiert ist.

Possessivpronomen: Zuordnungen schaffen

REGEL

Die **Possessivpronomen** (besitzanzeigende Fürwörter) *mein, dein, sein/ ihr und unser, euer, ihr* **klären Besitzverhältnisse eindeutig**.
Beispiel: *Auf dem Tisch liegt ein Buch. Auf dem Tisch liegt mein Buch. Sein Buch steht noch im Regal.*

5 **Finde die Fehler, markiere sie und schreibe den Text dann richtig ab.**

Unser Familie ist im Urlaub. Schon am ersten Tag hat sich meine Bruder verletzt, als er mit seinen Roller gestürzt ist. Der Roller gehörte früher einmal mich.

6 **Im Text auf Hannahs Postkarte fehlen noch die richtigen Possessivpronomen. Setze sie ein. Achte darauf, dass sie im Numerus und im Fall zu dem Nomen passen, zu dem sie gehören.**

Liebe Nadja,

leider habe ich .... letzten Brief erst heute lesen können. Für zwei Wochen war ich mit .... Schwester und .... Eltern nämlich in Südfrankreich. Auf dem Bild siehst du .... Hotel, in dem wir gewohnt haben. Stell dir einmal vor, am Strand, der zu .... Hotel gehörte, habe ich .... ehemalige Mitschülerin Anne aus der 6 b getroffen. Sie wohnte mit .... Eltern zufällig im selben Hotel.

Liebe Grüße von Hannah

7 **Unterstreiche zunächst alle Possessivpronomen. Schreibe die Sätze dann ab und verwende die Possessivpronomen im Plural. Achtung: Es müssen die Nomen und teilweise auch die Verben angepasst werden.**

In die Ferien fahre ich immer mit meinem Bruder.

In die Ferien fahre ich immer mit meinen Brüdern.

a) Die Campingausrüstung leihen wir uns bei unserem Freund.

b) Das Zelt meines Bruders ist etwas größer, da sonst seine Luftmatratze nicht hineinpasst.

c) Für seinen Rucksack ist trotzdem kaum noch Platz.

d) Deine Wanderkarte hat uns schon gute Dienste geleistet.

TIPP

Zu jedem Personalpronomen gibt es ein Possessivpronomen:
ich = mein, du = dein, er = sein, sie = ihr, es = sein,
wir = unser, ihr = euer, sie = ihr.
***Beispiel:** Es (das Kind) weint, weil sein Spielzeug kaputt ist.*

8 **Füge die Possessivpronomen ein, die zu den unterstrichenen Personalpronomen passen.**

a) Wenn ich in diesem Urlaub das Surfen lerne, geht einer …… größten Wünsche in Erfüllung.

b) Falls wir alle die Surf-Prüfung schaffen, werden wir …… Erfolg ordentlich feiern.

c) Ohne Zweifel wird sie …… Bestes geben.

d) Ihr müsst euch genauso anstrengen, um …… Surfscheine zu bekommen.

e) Auch du freust dich, wenn …… Anstrengungen sich am Ende gelohnt haben.

Mavies beste Moves

BEWEGUNG ist für mich mindestens so wichtig wie ein guter Snack zwischendurch oder ein Call mit der BFF. Wenn der Kopf bei der ganzen Lernerei nicht mehr denken will, springe ich meistens ein paar Runden auf dem Trampolin. Aber Bewegung geht auch ohne Trampolin, Turn-Equipment oder Fitnessgeräte – zum Beispiel mit einer altbewährten Yoga-Übung (auch für Nicht-Yogis leicht zu schaffen):

Augensport

Setz dich bequem hin. Im Schneidersitz auf den Boden oder ganz normal auf einen Stuhl.
Schau mit beiden Augen nach rechts – aber ohne den Kopf zu bewegen. **Zähl langsam bis 5.**
Jetzt die andere Seite: **Schau mit beiden Augen ohne Kopfbewegung für 5 Sekunden links.**
Dann nach **oben zu den Augenbrauen. 5 Sekunden.**
Dann nach **unten zur Nasenspitze. 5 Sekunden.**

Stell dir vor, auf einem **gedachten Ziffernblatt** wäre auf deiner **Stirn 12:00 Uhr**, an deinem **Kinn 6:00 Uhr.** Mit den Augen wanderst du jetzt von der 12 über die 3 runter zur 6 und dann über die 9 zurück zur 12.

Puh – ganz schön anstrengend. Pause!
Halte beide Hände vor die Augen und entspann sie für 30 Sekunden im angenehmen Halbdunkel.

Eye-nfach guuut!

ABSCHLUSSTEST

1 **Unterstreiche, wo eine Wortwiederholung durch die Verwendung eines Personalpronomens vermieden werden kann.**
Kreise ein, wo ein Personalpronomen durch ein Nomen ersetzt werden muss, da sonst Missverständnisse entstehen.

Julia als Kommissarin

Gestern Nachmittag war Julia in der Stadt, denn morgens hatte Julia in einem Prospekt eine Bluse und eine Hose entdeckt. Sie war in ihrer Größe aber leider schon ausverkauft. Wenigstens gab es die Hose noch. An der Kasse stellte Julia sich mit der Hose in die Schlange. Sie war zum Glück nicht zu lang. Während des Wartens beobachtete sie zufällig eine gut gekleidete Frau. Sie war ziemlich überrascht. Sie steckte blitzschnell einen Pullover unter ihren Mantel. Er war recht dünn, sodass der Pullover unter dem Mantel kaum auffiel. Gerade als sie ihr folgen wollte, fiel ihr die noch nicht bezahlte Hose wieder ein. Sie stellte sich vor, was wäre, wenn plötzlich ein Hausdetektiv auftauchte: Der Hausdetektiv könnte Julia für eine Diebin halten. Mit der unbezahlten Hose in der Hand müsste dem Hausdetektiv Julias Verhalten verdächtig vorkommen. Julia wurde durch Geschrei aus ihren Gedanken gerissen. Die junge Frau mit dem Pullover unter dem Mantel war von einer Kassiererin gestoppt worden. Sie war dabei ziemlich aufgeregt und wurde laut. „Gut, dass ich ihr nicht gefolgt bin“, dachte sie, als sie das Kaufhaus verließ.

= erreichte Punktzahl / maximale Punktzahl **15**

2 **Ergänze die Lücken in Sandras Reisetipp für die Schülerzeitung. Setze dazu die passenden Possessivpronomen ein.**

Freizeit am Gardasee

Der Gardasee in Italien ist .... ideales Urlaubsziel. Wenn ihr nicht nur den ganzen Tag am Strand .... Hotels in der Sonne liegen wollt, könnt ihr in der Surfschule am See .... Surfschein machen oder eine geführte Tour mit .... eigenen Mountainbikes erleben. Vor dem Start überprüfen die Betreuer die Tauglichkeit .... Bikes und zeigen euch, in welcher Position sich .... Lenker und .... Sattel befinden sollten. Sie führen .... Job immer sehr gewissenhaft aus, da sie für .... Vergnügen und .... Gesundheit verantwortlich sind. .... Erfahrung ist .... Garantie für ein tolles Erlebnis. Für mich war allerdings .... erste Bergtour das größte Erlebnis bei .... letzten Urlaub am Gardasee. Gemeinsam mit .... älteren Schwester sind wir mit dem Sessellift direkt neben .... Hotel zur Bergstation gefahren. Vor der Auffahrt hat .... Bergführerin .... Ausrüstung gründlich überprüft. Für .... Schwester und mich war das der Start zu einem spannenden Abenteuer. Wir werden .... nächsten Urlaub wieder am Gardasee verbringen.

maximale Punktzahl **19** / erreichte Punktzahl =

Kontrolliere deine Ergebnisse mithilfe der Lösungen (Seite 117 / 118), addiere dann die erreichten Punkte.

☐ 34 bis 16 Punkte: ☐ 15 bis 8 Punkte: ☐ 7 bis 0 Punkte:

Gesamtpunktzahl von max. **34**

3 ADJEKTIVE

Adjektive richtig verwenden

REGEL

Adjektive beschreiben Eigenschaften und Merkmale von Lebewesen, Dingen, Tätigkeiten, Vorgängen und Zuständen.
Beispiel: *Dieses Schiffsmodell gefällt mir gut. Das neue Schiffsmodell gefällt mir gut.*

Adjektive treten an zwei Stellen im Satz auf:

1. Sie **bestimmen ein Nomen oder einen Namen näher** (attributiver Gebrauch) und werden dekliniert. Sie verändern sich also in Numerus, Genus und im Fall.
   Beispiel: *Der einfache Bauplan gehört zum Bausatz.*
2. Sie **bestimmen Tätigkeiten genauer** (prädikativer Gebrauch) und werden nicht dekliniert. Besonders die Verben *sein*, *werden* und *machen* werden durch Adjektive ergänzt.
   Beispiel: *Der Bauplan zum Bausatz ist einfach.*

1 **Finde die Fehler, markiere sie und schreibe den Text dann richtig ab.**

Gestern besuchten wir die großen Modellbau-Messe in der Stadt. Die unzählig Stände in den riesig Hallen verwirrten mich am Anfang schon. Alles war für mich neu und aufregende.

2 **Unterstreiche im folgenden Text alle Adjektive, die attributiv gebraucht werden. Kreise die Adjektive ein, die prädikativ gebraucht werden.**

Startschwierigkeiten auf der Modellbau-Messe

Wir hatten uns einen schlechten Tag für unseren Besuch auf der Modellbau-Messe ausgesucht. Es war ein besonders heißer Tag und die lange Anfahrt mit dem überfüllten Zug war fürchterlich. In dem ausgebuchten Zug funktionierte die Klimaanlage nicht. Verschwitzt machten wir uns vom Bahnhof aus auf den ausgeschilderten Weg zum Messegelände. Der Fußweg war kurz, aber vor den wenigen Kassen, die geöffnet waren, standen überall lange Schlangen. Das endlose Warten in der Schlange war langweilig und wir waren müde, als wir endlich die weitläufigen Hallen mit den interessanten Ständen betreten konnten. Eine nette Dame in blauer Uniform überreichte uns am Informationsstand einen farbigen und übersichtlichen Lageplan zur schnellen Orientierung auf dem riesigen Gelände.

3 **Notiere in den Klammern in welchem Genus die Adjektive im Text verwendet werden. Verwende diese Abkürzungen:**
Maskulinum = Mask., Femininum = Fem., Neutrum = Neut.

Wettstreit der Schiffsmodelle

Ein Höhepunkt dieser unterhaltsamen (Fem.) Veranstaltung waren die spannenden (..........) Wettkämpfe in den verschiedenen (..........) Bootsklassen. Bei den wendigen (..........) Segelschiffen kam es weniger auf die hohe (..........) Geschwindigkeit, sondern vielmehr auf die möglichst schnelle (..........) Wende beim Umfahren der roten (..........) und blauen (..........) Bojen an. Die kleinen (..........) Kapitäne der eher schwerfälligen (..........) und sehr breiten (..........) Tanker mussten zeigen, dass sie im engen (..........) Hafenbecken gut manövrieren konnten.

4 **Setze die folgenden Adjektive in der passenden Form in die Lücken ein. Die Reihenfolge der Adjektive stimmt bereits.**

spannend • kühl • klein • zahlreich • schwer • farbig • umfangreich • neu • neugierig • aktuell • rund • ferngesteuert • überfüllt • frei • geschickt • versperrt • traumhaft

Alles war ziemlich ……………………, aber wir mussten uns erst bei einem …………………… Getränk in einem der …………………… Cafés auf dem Messegelände erholen.

An den anderen Tischen saßen schon …………………… Besucher, die …………………… Plastiktüten auf die Tische gewuchtet hatten, in denen sich …………………… Prospekte und …………………… Informationsmaterial zu …………………… Modellen befanden.

Das machte uns sehr …………………… auf das …………………… Angebot und wir wollten mit dem Rundgang durch die Hallen beginnen.

Zunächst nahmen wir uns vor, die Halle mit dem …………………… Wasserbecken aufzusuchen, um die …………………… Schiffsmodelle in Aktion zu sehen.

Die Halle war …………………… und der …………………… Blick auf die …………………… Manöver der Modellkapitäne war teilweise …………………….

Was wir zu sehen bekamen, war aber …………………….

TIPP

Attributiv verwendete Adjektive richten sich im Genus, Numerus und im Fall nach dem Nomen oder Eigennamen zu dem sie gehören.

5 **Ergänze nach dem Beispiel für das Maskulinum in der Tabelle die fehlenden Formen für Femininum und Neutrum.**

		Maskulinum
Singular	Nominativ	der kleine Dampfer
	Genitiv	des kleinen Dampfers
	Dativ	dem kleinen Dampfer
	Akkusativ	den kleinen Dampfer
Plural	Nominativ	die kleinen Dampfer
	Genitiv	der kleinen Dampfer
	Dativ	den kleinen Dampfern
	Akkusativ	die kleinen Dampfer

		Femininum	Neutrum
Singular	Nominativ	die schnelle Fähre	das schöne Boot
	Genitiv	der schnellen Fähren	
	Dativ		
	Akkusativ		
Plural	Nominativ		
	Genitiv		
	Dativ		
	Akkusativ		

TIPP

Bei der Verwendung des unbestimmten Artikels „ein" lautet die Endung des Adjektivs beim Maskulinum „-er" und beim Neutrum „-es" und nicht nur „-e" wie bei der Verwendung von bestimmten Artikeln.

Beispiel: *der schnelle Wagen – ein schneller Wagen*
das schöne Modell – ein schönes Modell

6 Ergänze die richtigen Endungen der Adjektive.

a) Mir gefielen die elegant .... Segelschiffe besonders gut.

b) Mein Freund fand die laut .... und schnell .... Sportboote besser.

c) Aus den Kabinen des groß .... Luxusdampfers fiel ein hell .... Lichtschein auf die blank .... Wasseroberfläche.

d) Ein breit .... Containerboot besaß sogar einen elektrisch .... Kran.

e) Der alt .... Viermaster war ein sehr teur .... Liebhabermodell.

f) Mit sicher .... Hand steuerte die stolz .... Besitzerin ein lang .... U-Boot in das schmal .... Hafenbecken.

g) Die begeistert .... Zuschauer sparten nicht mit kräftig .... Applaus und lobend .... Kommentaren.

h) Ich kaufte einen nicht sehr anspruchsvoll .... Bausatz für ein niedlich .... Floß aus künstlich .... Baumstämmen.

i) Ein hübsch .... Mast mit einem faltbar .... Segel gehörte ebenfalls zum Lieferumfang.

j) Ein passend .... Ständer war als Zubehör erhältlich.

k) Nach lang .... Basteln hatte ich ein klein ...., fahrtüchtiges Floß.

Buchstaben-Bilder: Handlettering

Mir macht's Riesenspaß, wenn ich was schreibe und mein Geschreibsel richtig schön aussieht. Geht's dir auch so? Geschenkkarten, Postkartengrüße oder Tagebucheinträge werden was ganz Besonderes, wenn sie stellenweise wie gemalt aussehen.

Und das kriegst du mit Handlettering hin – ich mache das total gern!

Lange Texte male ich nicht mit Handlettering, aber zum Beispiel einen Namen oder kurze Sätze, die mir wichtig sind. Und auch als Deko-Bild an der Wand macht sich Handlettering sehr gut.

Beim Handlettering geht es nicht nur um das Wort und seinen Sinn. Sondern vor allem um jeden einzelnen schön gestalteten Buchstaben. Die Wörter können mit kleinen Elementen ergänzt werden (zum Beispiel Blumen, Tropfen, Punkte, Sterne ...).

Wie wär's mit einem Lächeln?

SMILE auf ein farbiges festes Papier malen (zum Beispiel Tonpapier oder Fotokarton). Cool sieht es aus, wenn du mit einem weißen Stift auf einem dunkleren Untergrund letterst. Online findest du einige hilfreiche Seiten mit Handlettering-Alphabeten. Wenn du zufrieden bist, schneidest du das Wort in einigem Abstand zu den Buchstaben aus. Ab an die Wand damit – fertig!

Probier's doch auch mal aus!

Gesteigerte Adjektive: Eigenschaften betonen

REGEL

1. Mit **attributiv verwendeten Adjektiven** lassen sich **Eigenschaften** oder Merkmale von Lebewesen, Dingen oder Tätigkeiten nicht nur **genauer beschreiben**, sie können auch **durch Steigerung besonders betont** werden. Es gibt **drei Steigerungsstufen:**
   - Grundstufe (**Positiv**): *Das schnelle Boot gehört Marius.*
   - 1. Steigerungsstufe (**Komparativ**): *Das schnellere Boot gehört Ina.*
   - 2. Steigerungsstufe (**Superlativ**): *Das schnellste Boot gehört Anna.*
2. So werden attributiv gebrauchte Adjektive bei der Steigerung dekliniert:

	Positiv	Komparativ	Superlativ
Maskulinum	der lange Mast	der längere Mast	der längste Mast
	des langen Mastes	des längeren Mastes	des längsten Mastes
	dem langen Mast	dem längeren Mast	dem längsten Mast
	den langen Mast	den längeren Mast	den längsten Mast
	die / der / dem / den langen Masten	die / der / dem / den längeren Masten	die / der / dem / den längsten Masten
Femininum	die schnelle Bahn	die schnellere Bahn	die schnellste Bahn
	der schnellen Bahn	der schnelleren Bahn	der schnellsten Bahn
	der schnellen Bahn	der schnelleren Bahn	der schnellsten Bahn
	die schnelle Bahn	die schnellere Bahn	die schnellste Bahn
	die / der / dem / den schnellen Bahnen	die / der / dem / den schnelleren Bahnen	die / der / dem / den schnellsten Bahnen
Neutrum	das kleine Modell	das kleinere Modell	das kleinste Modell
	des kleinen Modells	des kleineren Modells	des kleinsten Modells
	dem kleinen Modell	dem kleineren Modell	dem kleinsten Modell
	das kleine Modell	das kleinere Modell	das kleinste Modell
	die / der / dem / den kleinen Modelle	die / der / dem / den kleineren Modelle	die / der / dem / den kleinsten Modelle

7 **Finde die Fehler, markiere sie und schreibe den Text dann richtig ab.**

Miniaturmodelle sind noch viel kleine als die üblichen Modelle. Die am meisten kleinen Modelle sind nicht viel größer als ein Stecknadelkopf. Je winzig die Modelle sind, um so mehr groß ist der Aufwand für ihre Herstellung. Die am meisten winzigsten Teile können mit großer Vorsicht nur unter Verwendung einer Pinzette zusammengesetzt werden.

8 **Fülle die Lücken, indem du die Adjektive in Klammern richtig steigerst.**
Achtung: Manchmal gibt es zwei Möglichkeiten.

Kai besitzt einen ziemlich .... (groß) Tanker als Modell. Auf der Messe möchte er sich einen noch .... (groß) Tanker kaufen. Die .... (klein) Tankermodelle interessieren ihn nicht. Lieber hätte er den .... (groß) Tanker als Bausatz. Dieser ist aber das .... (teuer) Modell. Kai will noch etwas sparen, um später doch das .... (groß) Schiff zu kaufen.

REGEL

Auch **prädikativ verwendete Adjektive** werden **gesteigert.**
Beispiel: *Anna ist größer als Jonas, aber sie ist kleiner als Svenja.*
Es werden folgende **Steigerungsstufen** unterschieden:
- Grundstufe (**Positiv**): *Der Motor ist stark.*
- 1. Steigerungsstufe (**Komparativ**): *Der Motor ist stärker als die meisten anderen.*
- 2. Steigerungsstufe (**Superlativ**): *Der Motor dieses Rennboots ist am stärksten.*

9 **Ergänze die Liste.**

Positiv	Komparativ	Superlativ
klein	kleiner	am kleinsten
reich	reicher	
arm		
weit		
kurz		
alt		
dumm		
faul		
tief		
laut		
leise		

*Wenn in der Grundform des Adjektivs ein **a**, **o** oder **u** vorkommt, wird daraus im Komparativ **ä**, **ö** oder **ü**.*
***Beispiel:** alt – älter, groß – größer, klug – klüger*
Bei einigen Adjektiven muss bei der Bildung von Komparativ und Superlativ die Schreibweise beachtet werden.
***Beispiel:** sauer – saurer – am sauersten*
hübsch – hübscher – am hübschesten

10 **In den folgenden Sätzen wird immer etwas verglichen. Fülle die Lücken, indem du die Adjektive in der richtig gesteigerten Form einsetzt.**

a) Die großen Bausätze mit mehr als 100 Einzelteilen sind in der Regel .... (teuer) als Modelle mit weniger Teilen.

b) Die großen Bausätze lassen sich meistens .... (schwierig) zusammenbauen als die kleinen.

c) Bei den weniger aufwendigen Modellen ist man dafür .... (schnell) fertig und kann sich .... (früh) über das Ergebnis freuen.

d) Anfängern im Modellbau kann man es etwas .... (leicht) machen, wenn man Bausätze mit höchstens 50 Teilen kauft.

11 **Füge die folgenden Adjektive in der richtig gesteigerten Form in die Lücken ein. Einige werden attributiv, andere prädikativ verwendet.**

~~groß~~ • klein • schwer • sicher • aufwendig • lang • leicht • einfach • weit

Leicht- und Schwergewichte

Alle Modelle im Maßstab 1:15 sind nach dem Zusammenbau immer größer als Modelle im Maßstab 1:32. Vor allem Schiffsmodelle aus Metall sind aufgrund des Baumaterials natürlich .... als vergleichbare Modelle aus Holz. Die Metallschiffe sind am .... zu transportieren, da sie nicht so schnell beschädigt werden können.

Die .... Modelle aus dünnem Balserholz wiegen gerade einmal 150 Gramm. Die .... Modelle haben ungefähr die Größe eines Stecknadelkopfes. Für die Modelle ist es auf jeden Fall am ...., wenn sie bei .... Transporten besonders sorgfältig in stabilen Kisten verpackt werden.

Die .... Schiffe lassen sich meistens in der Mitte teilen, da man sie sonst nicht in einem normalen Auto transportieren könnte. Viele Schiffsmodell können sogar in mehrere Teile zerlegt werden. Der Transport dieser Modelle ist am ....

DIY mit Mavie

Collage Wall

Ich lieeebe es, mein Zimmer zu dekorieren! Meine Collage Wall gehört immer dazu – je nach Jahreszeit ist sie blumig-sommerlich, herbstlich-rot oder weihnachts-glitzerig.

Du kannst dir selbst eine Collage Wall zaubern. Das macht echt Spaß!

Ich überlege mir immer zuerst, welches Thema die Collage Wall haben soll. Welche Stimmung will ich in mein Zimmer holen? Welche Farben will ich hauptsächlich haben?

Dann suche ich mir schöne dazu passende Motive in meiner näheren Umgebung und fotografiere sie ab. Zum Beispiel Tannenzweige, eine Blumenblüte, eine glitzernde Wasseroberfläche ...

Außerdem stöbere ich durch meine Fotos: Urlaubsfotos, Fotos mit Familie und Freundinnen und und und ... Diese Bilder drucke ich dann etwas größer mit unserem Farbdrucker aus (meistens in DIN A4). Falls du keinen Farbdrucker zu Hause hast, kannst du einfach im nächsten größeren Supermarkt oder in Drogerien Ausdrucke machen oder sie online bestellen. Das kostet nicht sehr viel und es lohnt sich!

my room – my place to be

Wenn ich alle Fotos fertig habe, befestige ich sie mit wieder ablösbaren Klebestreifen an der Wand. Nebeneinander, übereinander, überlappend ... einfach, wie's schön aussieht.

Gesteigerte Adjektive: Stolpersteine

REGEL

Es gibt einige Besonderheiten bei der Steigerung von Adjektiven:

1. Einige Adjektive werden unregelmäßig gesteigert.
   Beispiel: *gut – besser – am besten, viel – mehr – am meisten, nah– näher – am nächsten, hoch – höher – am höchsten*
2. Adjektive, deren Bedeutung eine Vergleichsform ausschließt, können nicht gesteigert werden.
   Beispiel: *rund, ledig, tot, einzig*
   Auch Adjektive, die auf „los" enden, können nicht gesteigert werden.
   Beispiel: *zahnlos, wertlos, grundlos*

12 **Schau dir die Steigerungsformen in der Tabelle genau an. Trage dann in die Liste auf der nächsten Seite die Grundform der Adjektive ein, auf die die genannte Besonderheit zutrifft.**

Positiv	Komparativ	Superlativ
viel	mehr	am meisten der/die/das meiste
sauer	saurer	am sauersten der/die/das sauerste
hoch	höher	am höchsten der/die/das höchste
dunkel	dunkler	am dunkelsten der/die/das dunkelste
gern	lieber	am liebsten der/die/das liebste
groß	größer	am größten der/die/das größte
gut	besser	am besten der/die/das beste
nahe	näher	am nächsten der/die/das nächste
teuer	teurer	am teuersten der/die/das teuerste

Bei der Steigerung tritt eine Besonderheit auf, weil ...

a) bei der Bildung von Komparativ und Superlativ Umlaute verwendet werden:

hoch, ...

b) der Komparativ nicht nur durch die Endung „er“, sondern „rer“ gebildet

wird: ...

...

c) sich die Schreibweise des Adjektivs bei der Bildung des Superlativs im

Vergleich zur Grundform verändert: ...

...

d) der Komparativ und Superlativ mit einem ganz anderen Wort gebildet

werden als die Grundform: ...

...

13 Finde die Fehler, markiere sie und schreibe den Text dann richtig ab.

Am meisten gut ist, dass man mit Modelleisenbahnen richtig spielen kann. Meine gernste Beschäftigung ist das Rangieren mit langeren Zügen im Betriebsbahnhof. Die riesengrößte Modellbahn hat der Vater eines meiner Freunde in seinem Garten. Eine mehr gute Gestaltung der Landschaft kann man sich nicht vorstellen.

...

...

...

...

...

...

14 **Fülle die Lücken, indem du die Adjektive in Klammern steigerst. Stellenweise ist vorgegeben, welche Steigerungsstufe du verwenden musst (Komp. = Komparativ, Sup. = Superlativ).**

Kleine Züge ganz groß

Auf der Messe strömten die .... (viel) Besucher in die Halle, in der die Modelleisenbahnen ausgestellt waren.

Die .... (klein/Sup.) und die .... (groß/Sup.) Züge lockten die Menschen gleichermaßen an. Die meisten Modellbauer sind schließlich am .... (gern) immer noch Hobby-Lokführer.

Besonderes Interesse fanden die Miniaturzüge, obwohl sie auch die .... (teuer/Sup.) waren. Ganz zufällig trafen wir in dieser überfüllten Halle einen .... (nahe/Komp.) Bekannten, der zu Hause in seinem Keller die .... (groß) Modelleisenbahnanlage aufgebaut hat, die ich je gesehen habe. Das ganze Jahr über beschäftigt er sich mit dem Ausbau dieser Anlage. Vor allem aber im Winter, wenn es früh .... (dunkel/Komp.) wird, verbringt er .... (viel/ Komp.) Zeit bei seiner Eisenbahnanlage als sonst. Es ist bereits jetzt .... (hoch) Zeit, dass er über eine Erweiterung des Kellerraums nachdenkt. Die Züge fahren schon länger auf mehreren Ebenen.

Auf den unteren Ebenen der Anlage befinden sich .... (viel/Sup.) Abstellgleise.

15 **Welche Adjektive in der Tabelle können gesteigert werden und welche nicht? Trage die Steigerungsformen ein oder streiche die Felder.**

Positiv	Komparativ	Superlativ
lieb	lieber	am liebsten
tot	–	–
hell		
ledig		
flach		
schwarz		
leblos		
stumm		
kurz		
heiß		
einzig		
wertlos		
kalt		
rund		
rot		
einmalig		

Keine Probleme mehr mit „wie“ oder „als“

REGEL

1. Soll **Gleichheit** von etwas ausgedrückt werden, benutzt man „wie“.
   Beispiel: *Dieses Modell ist so teuer wie alle anderen.*
2. Wird durch die Verwendung eines Komparativs (z.B. besser, schlechter, kleiner) **Ungleichheit** ausgedrückt, verwendet man „als“.
   Beispiel: *Diese Modelleisenbahn ist größer als die anderen. Sie gefällt mir deshalb besser als die anderen Bausätze.*

16 **Finde die Fehler, markiere sie und schreibe den Text dann richtig ab.**

Lokomotivmodelle sind nicht schwerer zusammenzubauen wie Schiffs- oder Flugzeugmodelle. Sie sind etwa genauso teuer als die anderen Modelle. Für den Zusammenbau der Dampfloks benötigt man länger wie für den Bau von E-Loks. Die Dampfloks bestehen nämlich aus viel mehr Teilen wie alle anderen Zugmodelle. Das Bemalen der fertigen Modelle ist bei den E-Loks deshalb deutlich einfacher als bei den Dampfloks.

17 **Entscheide, ob „wie“ oder „als“ verwendet werden muss. Streiche das falsche Vergleichswort.**

Kampf der Lokomotiven

Der Zusammenbau von Lokomotivmodellen ist genauso interessant und unterhaltsam **wie • als** der von anderen Modellbausätzen. Für Lokomotiven, die nach dem Zusammenbau richtig fahren können, benötigt man mehr Zeit und Erfahrung **wie • als** für Loks, die später nur in einem Schaukasten stehen sollen. Die Auswahl des passenden Modells muss ebenso gut überlegt sein **wie • als** bei den Schiffs- oder Flugzeugmodellen. Fahrbare Lokomotiven müssen zur eigenen Modellbahnanlage passen. Ein Gelände mit größeren Steigungen zum Beispiel erfordert zum Ziehen der Waggons kräftigere Loks **wie • als** flaches Gelände. Dampfloks mit mehr als acht Achsen sind auf jeden Fall stärker **wie • als** die Modelle mit weniger Achsen.

Moderne Diesellokomotiven sind allerdings auch nicht schwächer **wie • als** die alten Dampflokomotiven. Sie können ebenso viele Waggons ziehen **wie • als** die größeren dampfgetriebenen Ungetüme. Wegen des Umweltschutzes haben Elektroloks heute die Diesellokomotiven fast überall abgelöst. Obwohl sie nicht größer sind **wie • als** die Dieselloks, können sie meistens mehr Waggons an einer Steigung ziehen **wie • als** die Dieselfahrzeuge. Genauso **wie • als** in der Wirklichkeit müssen die Lokomotiven auf einer Modellbahnanlage für Steigungsstrecken mehr Kraft aufwenden **wie • als** für Fahrten im flachen Gelände. Bei der Planung einer Anlage ist es deswegen wichtiger, auf den Grad der Steigung zu achten **wie • als** auf die Länge des Anstiegs.

18 **Vergleiche die beiden Lokomotiven in der Abbildung miteinander. Verwende dabei die Vergleichswörter „wie“ und „als“.**

Die Dampflok ist etwa genauso lang wie ...

DIY

für ein gutes Peeling-Feeling

Hast du **Spaß** daran, coole Cremes auszuprobieren, an duftigen Shampoos zu riechen und die samtigste Bodylotion ever zu finden (so wie ich zum Beispiel 😜)? Richtig interessant ist es, **Kosmetik mal selbst zu machen**. Das geht ziemlich **einfach** und du brauchst dafür kein Chemie-Ass zu sein oder abgefahrene Spezialprodukte zu kaufen.
Und ganz nebenbei wird damit eine ganze Menge Plastikmüll vermieden, denn selbst gemachte Kosmetik braucht keine Plastikverpackung.

Wie wär's mit einem **Body-Peeling** für eine rundum gutes Haut-Feeling?
Es geht so unglaublich einfach:

Vermische **sechs Esslöffel Rohrohrzucker** und **3–4 Esslöffel Bio-Olivenöl** in einer kleinen Schale. Der Zucker soll nicht mehr krümeln, aber auch nicht im Öl schwimmen – irgendwas dazwischen.

Und dann: Ab unter die Dusche! Einmassieren, abduschen und fertig. Durch das pflegende Öl brauchst du heute auch keine Bodylotion mehr aufzutragen.

Und – wie fühlt sich's an?

PS: Nach dem Öl-Peeling wische ich einmal gründlich mit Putzmittel durch die Dusche. Rutschgefahr!

ABSCHLUSSTEST

1 Unterstreiche alle attributiv gebrauchten Adjektive. Kreise die prädikativ gebrauchten Adjektive ein.

Sowohl die winzigen als auch die großen Motorradmodelle in Halle 4 waren einmalig. Die dicken Reifen auf blanken Chromfelgen und die gewaltigen Auspuffrohre waren anziehend und wurden vom fachkundigen Publikum bestaunt. Es war unvorstellbar, dass ein Großteil der feinen Bauteile beweglich war. Selbst die zierlichen Spiegel waren in Höhe und Neigung verstellbar. Der Wechsel zwischen matter und glänzender Farbe auf den Bauteilen war aufwendig, aber gelungen.

= erreichte Punktzahl / maximale Punktzahl **16**

2 Ergänze die richtigen Endungen der Adjektive.

Eine schwarz............ BMW mit silbern............ Streifen fesselte unsere vollständig............ Aufmerksamkeit. Beweglich............ Räder und eine funktionsfähig............ Lenkung mit richtig............ Federung gehörten zum umfangreich............ und kostspielig............ Bausatz. Die weich............ Sitzbank und die beheizbar............ Griffe waren aus echt............ Leder. Die zierlich............ Blinker und der groß............ Scheinwerfer leuchteten, wenn ein versteckt............ Hebel neben dem beschriftet............ Nummernschild mit spitz............ Fingern betätigt wurde. Ein beleuchtet............ Display im schick............ Tacho rundete den hochwertig............ Gesamteindruck ab.

= erreichte Punktzahl / maximale Punktzahl **18**

3 **Fülle die Lücken, indem du die Adjektive richtig steigerst. Stellenweise wird vorgeben, welche Steigerungsstufe du verwenden musst (Komp. = Komparativ, Sup. = Superlativ).**

Bei den Flugzeugmodellen

Die .... (klein/Komp.) Flugzeugmodelle waren in Halle 2a und die .... (groß/Komp.) in Halle 2b zu sehen. Wer also die .... (groß/Sup.) Modelle sehen wollte, konnte diese natürlich nur in der Halle 2b finden.

Am .... (toll) war, dass jeder gleich am Eingang den Bausatz für ein .... (klein/Komp.) Modell geschenkt bekam. .... (Schön) konnte es also kaum noch werden.

An den meisten Ständen waren fertig zusammengebaute Modelle an .... (dünn/Sup.) Fäden aufgehängt, damit es so aussah als ob sie wirklich flögen. Für etwas .... (schwer) Flugzeuge mussten die Fäden natürlich .... (dick/Komp.) sein.

Im Außenbereich vor der Halle zeigten erfahrene Modellbesitzer die .... (spannend/Sup.) Flugkunststücke.

Wer bereits Erfahrung mit der Funksteuerung von Flugmodellen hatte, durfte selber eins der .... (stabil/Komp.) Modelle fliegen.

maximale Punktzahl **11** / erreichte Punktzahl =

4 Kreuze an: Sind die unterstrichenen Steigerungsformen richtig oder nicht?

Beispielsatz	richtig	falsch
Der Bahnhof ist noch die lebloseste Gegend auf meiner Anlage.		
Der Triebwagen ist röter als der Regionalexpress.		
Das ist der röteste Zug, den ich besitze.		
10 Zentimeter misst der am meisten hohe Mast der Oberleitung.		
Dieser Tunnel ist dunkelerer als andere.		
Schwärzer kann es in einem Tunnel einfach nicht sein.		
Die winzigste Lokomotive ist so groß wie eine kleine Münze.		
Die Gastanks auf dem Waggon sind ründer als die anderen Tanks.		
Mehrere Züge gleichzeitig zu steuern, ist das einmaligste Erlebnis.		
Kleine Modelle sind in der Regel teurer als große.		
Der Bistrowaggon ist der einzigste Wagen mit Beleuchtung.		
Er ist auch der teuerste Wagon, den ich besitze.		
Nichts ist schöner als die kleinen Kapelle auf meiner Anlage		
Am meisten gut funktioniert die elektronische Steuerung.		
Jens und Lena sind immer am stümmsten, wenn sie mit ihrer Eisenbahn beschäftigt sind.		

= erreichte Punktzahl / maximale Punktzahl **15**

5 **Ergänze die Lücken im Text durch „wie“ oder „als“.**

Herr der Landschaft

Mir macht das Gestalten der Landschaft auf meiner Modellbahnanlage mehr Spaß .... das Verlegen neuer Gleise. Für mich ist der Gesamteindruck der Anlage spannender .... der reibungslose Fahrbetrieb. Genauso wichtig .... die genaue Planung ist dabei ein sehr sorgfältiges Arbeiten. Unsauber zusammengeklebte Häuser fallen schließlich mehr auf .... alles andere. Gute Ideen zur Aufstellung der fertigen Bauwerke sind natürlich nicht weniger wichtig .... die saubere Verarbeitung. Aus der Entfernung betrachtet soll später alles .... echt wirken. Dazu trägt die Ausgestaltung mit kleinen Figuren und Fahrzeugen viel bei. Belebte Straßen und Plätze wirken einfach besser .... leere Häuserzeilen. Ein Marktplatz auf der Modellbahnanlage muss für mich aussehen wie ein Standbild aus einem Film, der auf einem Markt spielt. Unterschiedliche Gruppen sehen immer schöner aus .... eine Ansammlung gleicher Figuren. Die Anzahl der Figuren und Marktstände ist dabei mindestens so wirkungsvoll .... die richtige Anordnung. Lieber ein paar Figuren und Buden weniger .... am Ende zu viele. Mit etwas Beleuchtung wirken die kleinen Szenen gleich viel lebendiger .... ohne künstliches Licht.

maximale Punktzahl **11** / erreichte Punktzahl =

Kontrolliere deine Ergebnisse mithilfe der Lösungen (Seite 122), addiere dann die erreichten Punkte.

☐ 71 bis 35 Punkte: ☐ 35 bis 15 Punkte: ☐ 14 bis 0 Punkte:

Gesamtpunktzahl von max. **71**

4 VERBEN

Subjekt und Verb aufeinander abstimmen

REGEL

Verben verändern ihre Form, d.h. sie werden **konjugiert** (gebeugt).
Verben richten sich **im Numerus und in der Person nach dem Subjekt**, zu dem sie gehören.

Beispiel: *Das Kind geht gerne in den Zirkus.*
Die Kinder gehen gerne in den Zirkus.
Ihr geht morgen auch in den Zirkus.

Numerus	Person	
Singular	1.	ich geh**e**
	2.	du geh**st**
	3.	er, sie, es geh**t**
Plural	1.	wir geh**en**
	2.	ihr geh**t**
	3.	sie geh**en**

1 **Finde die Fehler, markiere sie und schreibe den Text dann richtig ab.**

Die Zirkusvorstellung beginnen gleich. Ein Clown im Frack und der Kassierer zeigt den letzten Gästen ihre Plätze. Ein Vater und seine kleine Tochter läuft nervös durch die Sitzreihen, weil sie ihre Sitzplätze nicht findet. Der Clown und ein Zuschauer hilft ihnen, denn die Kapelle über dem Manegeneingang spielen schon. Hinter dem Vorhang warten die Artisten darauf, dass im Saal die Lichter ausgeht. Ich lieb diese Spannung zu Beginn einer Vorstellung ganz besonders.

*Das Subjekt ermittelst du mit der Frage „**Wer oder Was?**". Achtung: Das Subjekt steht nicht immer am Anfang des Satzes.*
***Beispiel:** Gespannt sitze ich im Sessel. – Frage: Wer sitzt gespannt im Sessel? – Antwort: Ich sitze gespannt im Sessel.*

2 **Unterstreiche in den folgenden Sätzen das Subjekt blau. Füge dann das Verb in der richtigen Person und im richtigen Numerus ein.**

Ich sitze (sitzen) gespannt am Rand der Manege.

a) Von meinem Platz aus ………………………… (sehen) ich alles besonders gut.

b) Der Beginn der Vorstellung ………………………… (verzögern) sich, weil viele Gäste zu spät kommen.

c) Du ………………………… (hoffen) auch, dass es bald losgeht.

d) Wenn ihr kräftig ………………………… (klatschen), dauert es vielleicht nicht so lange.

e) Endlich ………………………… (öffnen) sich der Vorhang.

f) Mit strahlendem Gesicht ………………………… (begrüßen) der Zirkusdirektor das Publikum.

g) Unter kräftigem Beifall ………………………… (marschieren) die Artisten ein.

h) Der Kapellmeister ………………………… (beobachten) den Einzug der Artisten von der Empore.

i) Zur Begrüßung ………………………… (erheben) sich das gesamte Publikum von seinen Plätzen.

TIPP

Besteht das Subjekt ***aus mehreren Teilen****, steht das Verb nicht im Singular, sondern im* ***Plural****.*

Beispiel: *Der Direktor betritt die Manege. Aber: Der Direktor und ein Clown betreten die Manege.*

Nina klatscht Beifall. Aber: Nina, Lars und Jenny klatschen Beifall.

3 **Setze die folgenden Verben in die passenden Lücken ein. Die Verben sind bereits richtig konjugiert.**

~~zeigen~~ • führen • wünschen • treibt • treiben • lehren • seht • seht • gehören • führt

Begrüßungsworte des Zirkusdirektors

„Guten Abend und herzlich willkommen, liebes Publikum! Wir zeigen heute einen bunten Strauß voller Sensationen. Ihr .... gleich Tiere und Menschen in Aktion. Der Zauberer Merlin .... euch ins Reich der Feen und Wunder. Der fliegende Roland und unsere Hochseilartisten .... euch das Fürchten mit ihren waghalsigen Darbietungen. Später .... ihr riesige Elefanten, die auf das Kommando unserer kleinen Maja hören. Große und kleine Pferde .... in der Manege gemeinsam Kunststücke vor. Sahin, der Fakir aus dem Morgenland, ... den Nervenkitzel schließlich auf die Spitze. Das Liegen auf dem Nagelbrett, Feuerschlucken und Feuerspucken .... zu seinen äußerst gefährlichen Darbietungen. Ernie und Bert, unsere beiden beliebten Clowns, ... in den Pausen immer wieder ihre Späße mit euch. Wir .... euch allen einen unterhaltsamen Abend!“

MAL-ENTSPANNUNG

MEDITATION

AVIE

Zwischendurch mal ein bisschen entspannen und mit den Gedanken spazieren gehen? Ich finde, das funktioniert super mit kleinteiligen Ausmalbildern, die sogar ohne Farbe schon richtig schön aussehen. Ich mach das gern nach einem anstrengenden Schultag, nach einer schweißtreibenden Runde auf dem Trampolin oder einfach so, wenn sich Langeweile in mein Zimmer schleicht.

Meditation mit Malstift sozusagen …

Verben: regelmäßig oder unregelmäßig?

REGEL

1. **Regelmäßige (schwache) Verben** bilden ihre Vergangenheitsform mit **t**.
   Beispiel: *spielen → ich spiele – ich spielte – gespielt*
2. Bei **unregelmäßigen (starken) Verben** ändert sich in der Vergangenheitsform der Stammvokal.
   Beispiel: *gehen → ich gehe – ich ging – gegangen*

Regelmäßige Verben/Schwache Verben				
Numerus	**Person**	**Präsens**	**Präteritum**	**Partizip II**
Singular	1.	ich spiele	ich spielte	gespielt
	2.	du spielst	du spieltest	
	3.	er, sie, es spielt	er, sie, es spielte	
Plural	1.	wir spielen	wir spielten	
	2.	ihr spielt	ihr spieltet	
	3.	sie spielen	sie spielten	

Unregelmäßige Verben/Starke Verben				
Numerus	**Person**	**Präsens**	**Präteritum**	**Partizip II**
Singular	1.	ich gehe	ich ging	gegangen
	2.	du gehst	du gingst	
	3.	er, sie, es geht	er, sie, es ging	
Plural	1.	wir gehen	wir gingen	
	2.	ihr geht	ihr gingt	
	3.	sie gehen	sie gingen	

TIPP

*Denke daran: **Das Partizip** ist eine **unbestimmte Verbform**, da es weder über die Person noch über die Zeit etwas aussagt. Es hat daher **keine Personalendung**.*
Man unterscheidet:
***Partizip I:** lesend, gehend, schlafend,*
***Partizip II:** gelesen, gegangen, geschlafen.*

4 **Finde die Fehler, markiere sie und schreibe den Text dann richtig ab.**

Der große Clown befehlte dem kleinen Clown in eine Kanone zu klettern, um ein Geschenk herauszuholen.
Es gab einen lauten Knall und der kleine Clown fliegte in hohem Bogen durch die Luft.

....

....

....

....

....

....

5 **Welche der folgenden Verben sind unregelmäßig?**
Unterstreiche sie und trage sie in den vorgegebenen Formen in die Tabelle ein.

singen • lachen • sagen • springen • fließen • meinen • essen • weinen • glauben • rufen • stehlen • hoffen • leben • befehlen • lügen • fahren

Unregelmäßige Verben/Starke Verben			
Grundform	**Präsens (1. Person Singular)**	**Präteritum (1. Person Singular)**	**Partizip II**
singen	ich singe	ich sang	gesungen

6 **Die unterstrichenen Vergangenheitsformen wurden falsch gebildet. Verbessere sie in der rechten Spalte.**

Auf dem Rücken der Pferde	
Als nächstes erscheinten drei junge Männer	erschienen
mit Pferden in der Manege. Die als Cowboys	
verkleideten Männer reiteten nicht auf den	
Pferden, sondern sie stunden auf ihren Rücken.	
Sie worfen die Cowboyhüte hoch in die Luft,	
drehten sich im vollen Galopp auf dem Rücken	
ihres Pferde stehend um und fangten ihre	
Hüte wieder auf. Die drei Cowboys bieteten	
ein wahres Feuerwerk von Kunststücken.	
Während die Pferde ohne Unterbrechung	
liefen, springten sie schnell ab und wieder	
auf. Dabei wuchselten sie ständig die Pferde,	
bis jeder schließlich einmal auf allen Pferden	
gesitzt hatte. Manchmal stehten sie sogar alle	
auf dem Rücken eines Pferdes. Später zeigte	
ein Cowboy sogar Saltos auf dem schmalen	
Pferderücken. Dazu war er auf das größte der	
Pferde gesteigt, da es am ruhigsten von allen	
lief. Es gang alles gut und sämtliche Kunst-	
stücke verlauften ohne einen einzigen Fehler.	
Als sie die Manege verlassten, saßten die	
Artisten hintereinander auf dem größten Pferd	
und wunkten mit ihren Cowboyhüten.	

Gestern, heute oder morgen? – Mithilfe von Verben angeben, wann etwas geschieht

REGEL

Mithilfe der **Verben** können im Deutschen **sechs verschiedene Zeitformen** gebildet werden.

Präsens *ich lache*	**Perfekt** *ich habe gelacht*
Präteritum *ich lachte*	**Plusquamperfekt** *ich hatte gelacht*
Futur I *ich werde lachen*	**Futur II** *ich werde gelacht haben*

7 **Finde die Fehler, markiere sie und schreibe den Text dann richtig ab.**

Zirkusveranstaltungen gibt es schon, bevor man das Zirkuszelt erfand. Schon die alten Römer treffen sich zur Unterhaltung in Gebäuden, die sie speziell zu diesem Zweck bauen werden. Heute fanden solche Veranstaltungen im Freien oder in Zelten statt. Der Vorteil dieser Zelte ist gewesen, dass man sie an verschiedenen Orten aufbauen konnte.

8 **Schreibe den folgenden Text ab und übertrage ihn in das Präteritum.**
Unterstreiche in deinem Text alle Verbformen.

Alles im Gleichgewicht

Der Vorhang geht auf und vier Mädchen in bunten Kostümen schweben herein. Jedes Mädchen trägt einen hübschen Schirm. Mit kleinen Schritten laufen die Mädchen barfuß auf großen Kugeln aus glänzendem Metall. Durch winzige Verlagerungen des Gewichts steuern sie ihre Kugeln in die Mitte der Manege. Jedes Mädchen zeigt auf seiner Kugel ein besonderes Kunststück. Das erste jongliert mit farbigen Tüchern. Das zweite klettert durch einen Reifen. Das dritte springt mit einem Seil und das vierte läuft auf der Kugel sogar über eine kleine Wippe am Boden.

REGEL

1. Um das **Perfekt, Plusquamperfekt oder die Zukunftsformen** (Futur) zu bilden, braucht man im Deutschen die Verben „**haben**“ oder „**sein**“. Man nennt diese Verben deshalb auch **Hilfsverben**.
   Beispiel: *Ich habe eine Karte für den Zirkus gekauft.*
   Du bist gerannt, um als Erster im Zirkuszelt zu sein.
2. Das Hilfsverb **sein** wird meistens bei **Verben der Veränderung** gebraucht. Diese zeigen einen **Wechsel des Ortes oder des Zustandes** an.
   Beispiel: *er ist geflogen, sie sind gelaufen, es ist verdorben*

Hilfsverben: Konjugation im Präsens			
Numerus	**Person**	**haben**	**sein**
Singular	1.	ich habe	ich bin
	2.	du hast	du bist
	3.	er, sie, es hat	er, sie, es ist
Plural	1.	wir haben	wir sind
	2.	ihr habt	ihr seid
	3.	sie haben	sie sind

9 **Ergänze die Liste. Verwende das Präteritum.**

Hilfsverben: Konjugation im Präteritum			
Numerus	**Person**	**haben**	**sein**
Singular	1.	ich hatte	ich
	2.	du	
	3.	er, sie, es	
Plural	1.	wir	
	2.	ihr	
	3.	sie	

10 **„Haben“ oder „sein“? Fülle die Lücken, indem du die richtig konjugierte Form des passenden Hilfsverbs verwendest.**

Hallo Leute,

ihr werdet es nicht glauben, aber gestern .... ich zum ersten Mal in der neuen Zirkus-AG gewesen. Es war einfach super! Alle .... sich total nett verhalten, obwohl die meisten mich vorher noch nie gesehen ....
Ich bin mir schon jetzt ziemlich sicher, dass der Wechsel in die Zirkus-AG die richtige Entscheidung gewesen .... Der Lehrer, der die AG betreut ...., war einfach Spitze. Ich durfte vieles ausprobieren, bis ich das Passende für den Anfang gefunden .... Nach dem ersten Training .... ich mich für die Akrobatik entschieden. Ihr .... bestimmt schon einmal gesehen, wie aus menschlichen Körpern verschiedene Figuren gebaut werden. Ich .... sehr gespannt, wie es weitergeht.

11 **Ergänze die Tabelle.**

Infinitiv	Person und Numerus	Perfekt	Plusquamperfekt
tanzen	1. Person Singular	ich habe getanzt	
rennen	2. Person Singular		
wählen	2. Person Plural		
fallen	1. Person Plural		
glauben	3. Person Singular		

REGEL

1. Das **Präteritum** wird verwendet, wenn **von einem Geschehen** berichtet wird, das **in der Vergangenheit vollständig abgeschlossen** wurde.
   Beispiel: *Gestern stürzte einer der Artisten beim Training.*
2. Das **Perfekt** wird verwendet, wenn **das Geschehen noch direkte Auswirkungen auf die Gegenwart** hat.
   Beispiel: *Der Artist humpelt noch. Er hat sich beim Sturz das Bein verstaucht. Er ist noch immer verletzt.*
   Das Perfekt wird gebildet mit dem **Partizip II des Verbs** und einer **Form der Hilfsverben „haben“ und „sein“ im Präsens**.

12 **Präteritum oder Perfekt? Streiche die falsche Form.**

a) Sarah liegt noch im Krankenhaus, weil sie sich beim Sturz von der Kugel das Bein **brach • gebrochen hat**.

b) In den ersten Tagen nach dem Sturz **schmerzte das Bein sehr • hat das Bein sehr geschmerzt**.

c) Seit zwei Wochen **ging sie nicht mehr in die Schule • ist sie nicht mehr in die Schule gegangen**.

d) Sie denkt nicht gerne darüber nach, warum sie damals auf der Kugel das Gleichgewicht **verlor • verloren hat**.

e) Da der Bruch schneller als angenommen **verheilte • verheilt ist**, darf Sarah schon heute das Krankhaus verlassen.

f) Den ersten Gips, den man ihr im Krankenhaus anlegt hatte, **behielt sie zur Erinnerung • hat sie zur Erinnerung behalten**.

g) Während ihres Krankenhausaufenthalts **besuchten viele Freunde Sarah • haben viele Freunde Sarah besucht**.

REGEL

1. Mithilfe des **Plusquamperfekts** wird ausgedrückt, dass ein Geschehen bereits **vollständig abgeschlossen** war, **bevor ein anderes einsetzte**. Man spricht in diesem Zusammenhang auch von **Vorzeitigkeit**.
   Beispiel: *Als Hannah im Restaurant ankam, hatten die anderen Gäste schon längst aufgegessen.*
   Nachdem der Bruch geheilt war, begann er wieder mit dem Training.
2. Das **Plusquamperfekt** wird gebildet mit dem **Partizip II des Verbs** und **einer Form der Hilfsverben „haben" oder „sein" im Präteritum**.

13 **Unterstreiche alle Verbformen im Plusquamperfekt.**

Düsseldorf, 26. September 2021 Seit dem Wochenende werden zwei Ponys des Zirkus vermisst. Man hatte die Tiere nach der letzten Vorstellung am Sonntag auf die eingezäunte Wiese gebracht. Erst am nächsten Morgen entdeckten die Tierpfleger das Verschwinden. Als sie gegen Mitternacht ihren Kontrollgang gemacht hatten, waren die Tiere noch da. Der Verdacht fällt auf einige Zuschauer, die sich direkt nach der Vorstellung noch am Zaun aufgehalten hatten. Ein Zuschauer scheint besonders verdächtig, weil er längere Zeit in der Nähe der jetzt vermissten Ponys gestanden hatte. Bei der Vernehmung durch die Polizei fiel den Tierpflegern ein, dass der Mann schon verschwunden war, als sie die Beleuchtung auf der Wiese gelöscht hatten. Einer der Tierpfleger ist sich sicher, dass dieser Mann die Tiere fotografiert hatte. Die Polizei sucht nun Zeugen, die nach der Vorstellung etwas beobachtet haben, das zur Klärung des Diebstahls beitragen kann.

REGEL

1. Das **Futur I** verwendet man, um anzuzeigen, dass ein Geschehen erst **in der Zukunft** stattfinden wird. Das **Futur I** wird gebildet **mit einer Form von „werden"** und dem **Infinitiv des Verbs**.
   Beispiel: *Ich werde in den Zirkus gehen, sobald er in unserer Stadt ist.*
2. **Das Futur I** kann durch das **Präsens ersetzt werden**, wenn durch die **Aussage bereits deutlich** wird, dass **zukünftiges Geschehen** dargestellt wird.
   Beispiel: *Ich werde ein Praktikum im Zirkus machen. (Futur I)*
   Im nächsten Jahr mache ich ein Praktikum im Zirkus. (Präsens)

14 **Ergänze die passenden Formen von „werden".**

Praktikum im Zirkus

a) Wenn ich meinen Schulabschluss habe, ... ich mir einen Traum erfüllen.

b) Wie bereits mit dem Zirkusdirektor besprochen, ... ich für ein paar Wochen als Aushilfe in seinem Zirkus arbeiten.

c) Der Zirkus .... genau zu dieser Zeit in unserer Stadt Station machen, sodass ich keine weiten Anfahrtswege haben ....

d) Man .... mich vor allem bei der Tierpflege einsetzen.

e) Übermorgen .... ich beim Zirkus noch einmal nachfragen, ob mit meinem Praktikum alles in Ordnung geht.

15 **In welchen Sätzen des Textes „Praktikum im Zirkus“ könnte auf das Futur I verzichtet werden? Notiere.**

Satz: ....

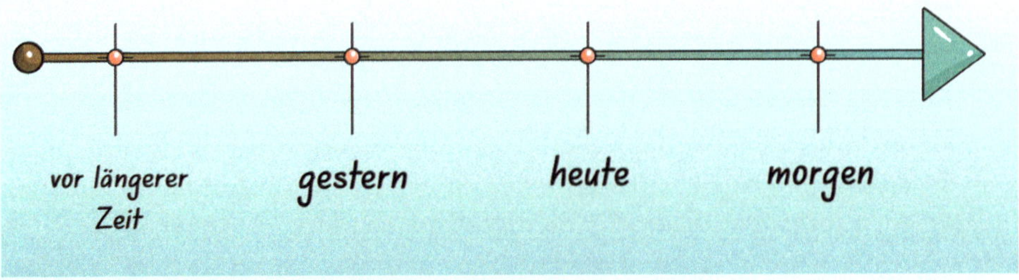

16 **Welche Zeitformen werden hier beschrieben? Schreibe auf.**

a) Diese Zeit wird verwendet, wenn man von etwas berichtet, das noch weiter in der Vergangenheit liegt als die Geschehnisse im Präteritum.

Plusquamperfekt

b) Mit dieser Zeit wird ausgedrückt, das etwas erst in der Zukunft geschehen wird.

....

c) Wenn etwas in der Vergangenheit bereits abgeschlossen ist, aber noch unmittelbare Auswirkungen auf die Gegenwart hat, wird diese Zeit verwendet.

....

d) Diese Zeit kann das Futur I ersetzen, wenn durch die Aussage deutlich wird, dass ein Geschehen erst in der Zukunft stattfinden wird.

....

e) Ein Geschehen, das in der Vergangenheit vollständig abgeschlossen wurde, wird mit dieser Zeit beschrieben.

....

Aktiv oder Passiv?

REGEL

1. Beim **Passiv** richtet sich der **Blick auf die Person oder Sache, mit der etwas geschieht**, während im Aktiv das Hauptinteresse auf die Person gerichtet ist, die etwas tut.
   Beispiel: *Jana hilft Nico beim Balancieren auf der Kugel. (Aktiv)*
   Nico wird von Jana beim Balancieren auf der Kugel geholfen. (Passiv)
2. Die **Passivformen** werden **mit einer Form von „werden"** und **mit dem Partizip II des jeweiligen Vollverbs** gebildet.

Numerus	Person	Präsens	Präteritum	Partizip II
Singular	1.	ich werde	ich wurde	geworden
	2.	du wirst	du wurdest	
	3.	er, sie, es wird	er, sie, es wurden	
Plural	1.	wir werden	wir wurden	
	2.	ihr werdet	ihr wurdet	
	3.	sie werden	sie wurden	

17 **Finde die Fehler, markiere sie und schreibe den Text dann richtig ab.**

Als Neuzugang in der Zirkus-AG wurde mir viel gehelft.
Gleich am ersten Tag war ich gefragt worden, was ich am liebsten machen möchte.
Vom Lehrer wird mir gesagt, dass ich zunächst einmal das Jonglieren mit den Bällen üben sollte.
Es wird mir versprochen, dass mir später von den anderen zeigen, wie man das mit Keulen macht.

18 **Die folgenden Sätze stehen im Passiv. Vervollständige sie, indem du die richtigen Formen des Hilfsverbs „werden“ einsetzt.**

Neuwahlen

Im nächsten Monat .... du wieder gefragt werden, welche Arbeitsgemeinschaft du im kommenden Schuljahr wählen willst. Im letzten Jahr .... eure Wünsche erst nach den Sommerferien erfragt. Erst zwei Wochen nach Beginn des neuen Schuljahres .... ihr den neuen Arbeitsgemeinschaften zugewiesen. Damit diesmal besser und schneller geplant werden kann, ... diese Umfrage jetzt schon viel früher durchgeführt. In den kommenden Tagen .... ihr alle umfangreiches Informationsmaterial zu allen Arbeitsgemeinschaften erhalten.

In der letzten Woche vor den Sommerferien .... die Wahlzettel eingesammelt. Neue Mitglieder .... in diesem Jahr vor allem von unserer Zirkus-AG gesucht. In der nächsten Zeit .... ihr deswegen bestimmt noch direkt angesprochen.

REGEL

Das Passiv kann man in allen Zeitformen verwenden:

	Aktiv	Passiv
Präsens	Sie **stützt** mich.	Ich **werde** von ihr **gestützt**.
Perfekt	Sie **hat** mich **gestützt**.	Ich **bin** von ihr **gestützt worden**.
Präteritum	Sie **stützte** mich.	Ich **wurde** von ihr **gestützt**.
Plusquam-perfekt	Sie **hatte** mich **gestützt**.	Ich **war** von ihr **gestützt worden**.
Futur I	Sie **wird** mich **stützen**.	Ich **werde** von ihr **gestützt werden**.
Futur II	Sie **wird** mich **gestützt haben**.	Ich **werde** von ihr **gestützt worden sein**.

19 **Schreibe den Text ab. Setze die unterstrichenen Sätze ins Passiv.**

Gemeinsam sind wir stark

In der Zirkus-AG hilft man dir bei allem, was du tun möchtest. Unser Team beantwortet dir alle Fragen. Man zeigt dir, wie man auf dem Einrad fährt oder als Fakir Feuer spuckt. Andere machen dir langsam vor, was du lernen willst. Bevor du dich für etwas entscheidest, wird der Lehrer dich beraten. Alle werden dich trainieren, bis du ein Könner bist. Auf unsere Erfahrung kannst du bauen: Wir haben schon viele beim Einstieg in die Zirkus-AG gut unterstützt.

20 **Forme die folgenden Sätze ins Passiv um.**

a) Jana unterstützt Sabrina beim Balancieren auf der Kugel.

b) Melanie half Sabrina beim Besteigen der wackeligen Kugel.

c) Ina hatte Kira geholfen, als sie zum ersten Mal auf die Kugel stieg.

d) Jakob hat Sabrina das Jonglieren mit Tüchern gezeigt.

e) Der Lehrer wird Sabrina bald das Jonglieren mit Bällen zeigen.

REGEL

Das **Passiv** wird in der Regel verwendet, wenn der **Urheber einer Handlung** oder eines Vorgangs **nicht angegeben** ist oder **in den Hintergrund** gestellt wird. Dafür gibt es folgende Ursachen:

a) Der Urheber ist eine beliebige Person.
Beispiel: *Beim Balancieren auf der Kugel wird man gehalten.*

b) Der Urheber ist unbekannt.
Beispiel: *Gestern wurde die Kugel aus dem Zirkusraum gestohlen.*

c) Der Urheber wird absichtlich verschwiegen.
Beispiel: *Die Ermittlungen wurden sofort aufgenommen. (Von wem?)*

d) Aus dem Zusammenhang wird klar, wer der Urheber ist.
Beispiel: *Das Türschloss zum Zirkusraum ist nicht sicher. Der Diebstahl wurde ungewollt erleichtert.*

21 **Welcher Grund für die Verwendung des Passivs liegt hier vor? Notiere in der rechten Spalte hinter jedem Satz den entsprechenden Buchstaben a bis d aus der Regel.**

Diebstahl im Zirkusraum

1) Unmittelbar nach dem letzten Training wurde eine teure Kugel aus dem Zirkusraum entwendet. ....

2) Solche Diebstähle werden in der Schule immer sehr aufmerksam verfolgt. ....

3) Bereits am nächsten Tag wurde die Vernehmung möglicher Zeugen durchgeführt. ....

4) Ein erster Verdächtiger ist bereits ausgemacht worden. ....

5) Handwerker haben alles repariert. Die Tür wurde erneuert. ....

6) Es wurde auch ein neues Schloss eingebaut. ....

7) Die teuren Kugeln werden ab jetzt noch sorgfältiger weggeschlossen werden. ....

8) Auf diese Weise soll verhindert werden, dass so ein Diebstahl in nächster Zeit noch einmal vorkommt. ....

22 **Fülle die Lücken. Setze dazu die Verbformen in Klammern im Passiv ein.**

Das Brandenburger Tor

In der Akrobatik werden mit dem Körper Figuren nachgebaut (nachbauen).

Diese Figuren nennt man Pyramiden, da Körper .... (aufeinanderschichten).

Als Vorlage für eine solche Pyramide .... häufig ein bekanntes Bauwerk .... (wählen). Die Pyramide auf dem Bild .... nach der Vorlage des Brandenburger Tors in Berlin .... (bauen). Bei Akrobaten ist sie beliebt, weil zum Erstellen nur sieben Personen .... (benötigen).

Die waagerecht liegenden Personen .... im gestrecktem Zustand .... (hochheben).

FUN FOOD

Essen macht Spaß, Leute!

Wir sind zwar alle aus dem Kindergeburtstagsalter raus – aber hey! Spaß beim Essen geht immer. Hier kommen die besten meiner Funfood-Ideen. Nachmachen und mit deiner BFF snacken – für doppelten Spaß!

Fruchtgummis

Ein Leben ohne Süßigkeiten ist bestimmt möglich – aber irgendwie würde mir was fehlen. Schon mal Gummibärchen selbst gemacht?!

Für rote Fruchtgummis kannst du etwa **100 g Erdbeeren (frische/tiefgekühlte)** oder **100 ml Erdbeersaft** nehmen, für grüne **Kiwis** oder **Kiwisaft** und **Blaubeeren** für blaue. Es reicht natürlich auch *eine* Farbe ...
Außerdem brauchst du **Gelatine** (am besten ein pflanzliches Geliermittel, z. B. Agar-Agar). Und soviel **Honig** oder **Zucker**, bis die Fruchtgummis für dich süß genug sind.
Als Form eignen sich alle **Silikonformen**, die es z. B. auch für Eiswürfel gibt. Du kannst aber auch „richtige" Gummibärchen-Formen kaufen.

Wenn du frische oder tiefgefrorene Früchte hast, musst du sie erst auftauen und gut pürieren. Das flüssige Obst (ob nun püriert oder als Saft) schüttest du in einen Topf und machst es langsam warm. Rühre Zucker oder Honig ein, bis er sich gut aufgelöst hat.
Dann muss das Geliermittel nach der Anleitung auf der Packung dazugegeben werden. Flüssigkeit in die Formen gießen – und ab damit ins Tiefkühlfach. Jetzt musst du ungefähr eine Stunde warten.

Fertig!

Ich liiiebe Süßigkeiten – und am meisten selbstgemachte!!!

ABSCHLUSSTEST

1 Streiche die falsche Verbform durch.

Doppelte Zauberei

Zu Beginn der Zaubernummer **rollt • rollen** Helfer einen Teppich in der Manege aus und **schiebt • schieben** eine Kiste herein. In der Kiste **liegt • liegen** die Gegenstände, die Roy und Robin **benötigt • benötigen**. Dann **kommt • kommen** die Zauberer und **begrüßt • begrüßen** das Publikum. Weiße Tauben **fliegt • fliegen** aus ihren schwarzen Hüten. Roy **holt • holen** ein buntes Tuch aus der Kiste und **lässt • lassen** daraus weitere Tauben aufsteigen, während Robin viele weiße Kaninchen aus einer winzigen Röhre **hervorzaubert • hervorzaubern**. Jeweils eine Taube **landet • landen** schließlich auf Roys und Robins Kopf, während die beiden Zauberer inmitten der Kaninchen **steht • stehen**. Während die Zuschauer noch Beifall **klatscht • klatschen, wächst • wachsen** langsam eine Sonnenblume und eine Rose aus den Hüten, die jetzt auf dem Teppich **steht • stehen**. Sowohl die Erwachsenen als auch die Kinder **merkt • merken** schnell, dass jede Blume umso schneller **wächst • wachsen**, je lauter der Beifall **ist • sind**. Die Blumen **ist • sind** schnell fast zwei Meter hoch, da die Zuschauer nicht am Beifall **spart • sparen**. Mit großen Augen und offenem Mund **bestaunt • bestaunen** jeder, was es heute zu sehen **gegeben hat • gegeben haben**.

= erreichte Punktzahl / maximale Punktzahl **22**

2 **Füge die richtigen Formen des Verbs in die Lücken ein.**
Verwende das Präteritum.

Ballbeherrschung

Der Jongleur .... (halten) gerade sechs Bälle gleichzeitig in der Luft, als ein begeisterter Zuschauer ihn mit Blitz .... (fotografieren). Weil der Jongleur dadurch geblendet wurde, ... (verlieren) er die Kontrolle über die Bälle und einer .... (fallen) auf den Boden. Geschickt .... (überspielen) der Jongleur diese Panne, indem er so .... (tun) als ob das Absicht gewesen wäre. Mit dem Fuß .... (bringen) er den Ball, der etwas zur Seite gerollt war, wieder in Position.

Während des Jonglierens mit den restlichen fünf Bällen .... (gehen) er in die Hocke. Blitzschnell .... (greifen) er den Ball, der heruntergefallen war. Die Zuschauer .... (toben) vor Begeisterung, als er ohne Pause das Jonglieren .... (fortsetzen).

maximale Punktzahl **11** / erreichte Punktzahl =

3 **Notiere in den Lücken, in welcher Zeitform die unterstrichenen Sätze stehen.**

Zukunftspläne

Heute weiß ich ziemlich genau (......................................), was ich später einmal werden will. Bevor ich mich entschieden habe (......................................), Tierärztin zu werden, hatte ich immer davon geträumt (......................................), einmal in einem richtigen Zirkus zu arbeiten.

Jedes Kind hat irgendwann einmal diesen Traum (......................................), wenn es öfter im Zirkus war. Mit 10 Jahren stellte ich mir vor (......................................), dass ich später einmal Clown werde.

Etwas später nahm ich mir vor (......................................), Hochseilartistin zu werden. Weil ich meine Ferien häufiger auf dem Bauernhof meines Onkels verbracht hatte (......................................), entschied ich mich mit 16 Jahren doch, lieber Tierärztin als Hochseilartistin zu werden. Das Studium wird zwar nicht leicht werden (......................................), aber ich freue mich schon jetzt darauf (......................................). Obwohl ich mich mit 16 schon anders entschieden hatte (......................................), ist mein großes Interesse für den Zirkus immer geblieben (......................................).

= erreichte Punktzahl / maximale Punktzahl **11**

4 Vervollständige die Tabelle.

Zeitform	Aktiv	Passiv
Präsens	du hilfst	dir wird geholfen
	ihr helft	
	sie verzauberte	
	ich habe verzaubert	
	du hast gestützt	
	sie werden tragen	
	ich hatte gefragt	
	er schob	
	ihr schiebt	
	sie hatten trainiert	
	ich werde heben	

maximale Punktzahl **20** / erreichte Punktzahl =

Kontrolliere deine Ergebnisse mithilfe der Lösungen (Seite 127 / 128), addiere dann die erreichten Punkte.

☐ 64 bis 31 Punkte: ☐ 30 bis 13 Punkte: ☐ 12 bis 0 Punkte:

Gesamtpunktzahl von max. **64**

5 SATZGLIEDER

Subjekt, Prädikat oder Objekt?

REGEL

Sätze bestehen aus verschiedenen Bausteinen. Diese Bausteine nennt man **Satzglieder**. Sie lassen sich durch die **Umstellprobe** bestimmen. Die Wörter und Wortgruppen, die beim Verschieben zusammenbleiben, bilden jeweils ein Satzglied.

Beispiel: *Die flinke Lara* | *gewinnt* | *den 50-Meter-Lauf.*

Den 50-Meter-Lauf | *gewinnt* | *die flinke Lara.*

1 **Kreise die Wörter ein, die gemeinsam ein Satzglied bilden.**
Achtung: Manche Satzglieder bestehen aus nur einem Wort.
Die Umstellprobe hilft dir, wenn du unsicher bist.

a) Der flinke Marvin springt über die hohen Hürden.

b) Marina und Katrin trainieren begeistert für die 4 × 50-Meter-Staffel.

c) Beim Hochsprung zeigt der kleine Lars sein ganzes Können.

d) Das begeisterte Publikum spendet den Sportlern viel Beifall.

e) Während des Hürdenlaufs kommt es zu einem Sturz.

f) Zwei Sanitäter laufen mit einer Bahre quer über den Rasenplatz.

2 **Schreibe die folgenden Wörter auf kleine Zettel. Probiere durch Umstellen aus, wie viele Sätze sich mit diesen Bausteinen bilden lassen.**

den sehr wirft die Speer langen weit sportliche Nina

3 **In dem Satz lassen sich viele Wörter umstellen.
Einige bleiben beim Verschieben aber immer zusammen, manche stehen immer allein. Kreise diese Wörter ein.**

Die sportliche Nina wirft den langen Speer sehr weit.

REGEL

Das Prädikat ist das wichtigste Satzglied und darf in keinem Satz fehlen. Es gibt an, **was geschieht oder was jemand tut**. Im Aussagesatz ist es immer das **zweite Satzglied**, es steht also immer an **zweiter Stelle**.
Beispiel: *Die glückliche Nina erhält vom Trainer ein Lob.*
Vom Trainer erhält die glückliche Nina ein Lob.
Ein Lob erhält die glückliche Nina vom Trainer.

4 **Unterstreiche alle Prädikate rot.**

Testlauf

Nina, Lara und Sarah stehen bereits am Start zum 50-Meter-Lauf. Sie gehören im Verein zur 50-Meter-Staffel. Im Einzelwettbewerb laufen die Mädchen allerdings gegeneinander. Die Siegerin des Laufes startet später in der Staffel als Schlussläuferin. Die Eltern und das übrige Publikum erwarten einen spannenden Wettkampf. Anfangs laufen alle drei Mädchen noch dicht nebeneinander. Mit sehr knappem Vorsprung überquert Lara die Ziellinie.

TIPP

Prädikate können aus **mehreren Teilen** bestehen. **Mehrteilige** oder **zusammengesetzte Prädikate** bestehen aus:
- der konjugierbaren Grundform des Verbs,
- einem oder mehreren nicht konjugierbaren Prädikatsteilen.

Beispiel: *Die Läuferinnen sind angespannt.*

Manchmal umschließen die Prädikatsteile andere Satzglieder. Man spricht dann von einer **Satzklammer**.
Beispiel: *Jede will schließlich das Ziel als Erste erreichen.*
Eine Läuferin ließ beim Start den Staffelstab fallen.

5 **Formuliere unter Verwendung der vorgegebenen Satzglieder jeweils einen Satz. Achte dabei besonders auf die Satzklammer des Prädikats.**

a) gleich schnell • die ersten 20 Meter • die Läuferinnen • (haben zurückgelegt)

b) auf den letzten Metern • die Entscheidung • im Wettkampf • (wird fallen)

c) verbissen • alle • Läuferinnen • im Zieleinlauf • (haben gekämpft)

d) das Zielfoto • am Ende • über den Sieg • (muss entscheiden)

e) im gut besuchten Stadion •vor Begeisterung • das Publikum • (ist aufgesprungen)

f) mit der Leistung seiner Mädchen • auf jeden Fall • der Trainer • (wird zufrieden sein)

REGEL

Das Subjekt ist der Satzgegenstand, über den das Prädikat etwas aussagt. Das Subjekt steht immer im **Nominativ**. Es bestimmt Person und Numerus des Prädikats. Mit der Frage „**Wer oder Was**?“ lässt sich das Subjekt gut bestimmen.

Beispiel: *Die Mädchen laufen zum Ziel. – Wer oder was läuft zum Ziel?*
Sie kämpfen im Wettbewerb gegeneinander.– Wer oder was kämpft … ?
Im Wettbewerb kämpfen sie gegeneinander.– Wer oder was kämpft … ?

6 Unterstreiche alle Subjekte blau.
Denke daran, dass Nebensätze ein eigenes Subjekt haben.

Hoch hinaus

Die Stabhochspringer benötigen besonders viel Anlauf. Sorgfältig wählen sie vor dem Sprung die Absprungstelle aus. Ebenso wichtig ist für sie die Entscheidung für den richtigen Stab. Beim Wettkampf kann man diesen Vorgang gut beobachten. Etwas Aberglaube bestimmt die Entscheidung natürlich auch.

Am Ende kommt es schließlich in erster Linie auf die richtige Technik an.

Ich kann es immer kaum fassen, wie hoch man mit einem Stab springen kann.

Die Landung auf der dicken Weichbodenmatte stelle ich mir einfach toll vor.

REGEL

1. *Damit ein Satz vollständig ist, benötigen viele Prädikate außer dem Subjekt noch weitere Satzglieder. Diese notwendigen Ergänzungen heißen* **Objekte**. *Objekte können im* **Genitiv** *(2. Fall), im* **Dativ** *(3. Fall) oder im* **Akkusativ** *(4. Fall) stehen.*
2. *Das Genitivobjekt erfragst du mit „***Wessen***?".*
   *Das Dativobjekt erfragst du mit „***Wem***?".*
   *Das Akkusativobjekt erfragst du mit „***Wen oder Was***?".*

Beispiel: *Der Stabhochspringer bedient sich eines Tricks. – Wessen bedient sich der Stabhochspringer? – eines Tricks (Genitivobjekt)*
Eine Absprungmarkierung hilft dem Springer. – Wem hilft die Absprungmarkierung? – dem Springer (Dativobjekt)
Der Stabhochspringer nimmt Anlauf. – Wen oder was nimmt der Stabhochspringer? – Anlauf (Akkusativobjekt)

7 **Entscheide, ob die unterstrichene Ergänzung im Dativ (Dat.) oder im Akkusativ (Akk.) steht. Streiche die falsche Antwort.**

Gesicherte Landung

Der Weitsprungwettbewerb findet bei den Zuschauern (Dat. • Akk.) immer großen Anklang (Dat. • Akk.). Schnell wird man an die eigenen Versuche (Dat. • Akk.) während der Schulzeit erinnert. Anders als in der Schule müssen die Wettkämpfer den Anweisungen (Dat. • Akk.) der Kampfrichter strikt folgen. Gleich mehrere Kampfrichter kontrollieren den ordnungsgemäßen Ablauf (Dat. • Akk.) des Wettkampfs. Der Hauptkampfrichter gibt dem Springer (Dat. • Akk.) ein Zeichen, wenn er springen darf. Trifft der Springer den Absprungbalken (Dat. • Akk.) nicht richtig, hält ein zweiter Absprungrichter eine rote Fahne (Dat. • Akk.) hoch. Die Weite wird von zwei weiteren Kampfrichtern (Dat. • Akk.) gemessen. Der Sand wird für den nächsten Sprung (Dat. • Akk.) von einem weiteren Kampfrichter (Dat. • Akk.) geglättet. Jeder Springer findet also dieselben Bedingungen (Dat. • Akk.) vor.

8 **Finde heraus, welche Verben in der Liste ein Dativobjekt oder Akkusativobjekt erfordern. Überprüfe dazu die Verwendung der Verben in Sätzen, indem du die Objekte und das Ergebnis in die Tabelle einträgst.**

1. zeigen	Dativ
2. kennen	
3. vertrauen	
4. helfen	
5. schreiben	
6. verbrennen	

7. finden	
8. schenken	
9. lieben	
10. nehmen	
11. singen	
11. singen	
12. bauen	

1. Der Kampfrichter zeigt dem Springer die Absprungstelle.
2. Ich kenne diese Sportart.
3. Der Sportler vertraut den Kampfrichtern.
4. Die Wettkämpfer helfen dem gestürzten Kollegen.
5. Eine Reporterin schreibt einen spannenden Bericht.
6. Die glühende Sonne verbrennt den Blumenschmuck im Stadion.
7. Er findet immer den richtigen Anlauf.
8. Seiner Verletzung schenkt er keine Beachtung.
9. Sportler lieben den Wettkampf.
10. Sie nimmt die Niederlage nicht schwer.
11. Zu Beginn des Wettkampfs singen sie die Nationalhymne.
12. Die Helfer bauen eine Weitsprunganlage.

9 **Bestimme die Satzglieder. (Subjekt, Prädikat, Objekt)**

Die Leichtathleten müssen mehrere Sportarten beherrschen.

Fast jeden Tag trainieren sie für den Erfolg.

Die gesamte Freizeit wird dem Sport geopfert.

Zur Unterhaltung hören sie manchmal ihre Lieblingsmusik beim Lauftraining.

REGEL

1. Einige Verben sind eng mit Präpositionen (z.B. auf, über, wegen, nach usw.) verbunden. Der **Kasus** (Fall) des Objekts wird bei diesen Verben **durch die Präposition bestimmt**.
   Man spricht deshalb von **Präpositionalobjekten**.
   Beispiel: *Die Punktetafel zeigt dem Sportler das Ergebnis. (Dativobjekt)*
   Der Kampfrichter zeigt auf den Balken. (Präpositionalobjekt)
2. Präpositionalobjekte erfragt man durch eine Frage, die mit dem Verb und der Präposition gebildet wird.
   Beispiel: *Dativobjekt: Wem zeigt die Anzeigetafel das Ergebnis?*
   – dem Sportler
   Präpositionalobjekt: Auf wen zeigt der Kampfrichter?
   – auf den Balken

10 **Bestimme den jeweiligen Kasus (Fall) des unterstrichenen Objekts in den Beispielsätzen. Kreise das Objekt ein, wenn es sich um ein Präpositionalobjekt handelt. Notiere hinter dem Satz die Frage nach dem Objekt.**

a) Sie berichtet den Eltern (..........) am Telefon vom letzten Wettkampf. ....

b) Sie glaubt den Vorhersagen (..........) des Trainers.

....

c) Fast alle Läufer glauben an den Sieg (..........) im letzten Rennen.

....

d) Zur schnelleren Orientierung fragt er die Ordner (..........).

....

e) Er fragt nach dem Weg (..........) in die Umkleidekabine.

....

Adverbiale Bestimmungen richtig bestimmen

REGEL

1. **Adverbiale Bestimmungen** sind Satzglieder, die die **näheren Umstände eines Sachverhalts oder Geschehens angeben**. Sie sind für das Verständnis eines Satzes zwar wichtig, aber für dessen Vollständigkeit nicht notwendig.
   Beispiel: [*Das Lauftraining*] [*findet statt.*]
   [*Heute*] [*findet*] [*das Lauftraining*] [*statt.*]
   [*Heute*] [*findet*] [*das Lauftraining*] [*im Wald*] [*statt.*]
2. Mithilfe der **Weglassprobe** kannst du herausfinden, ob es sich um eine adverbiale Bestimmung handelt. Der folgende Satz bleibt vollständig, auch wenn man die adverbiale Bestimmung weglässt.
   Beispiel: [*Ein richtiger Sportler*] [*geht*] [*jede Woche*] [*zum Training.*]
   [*Ein richtiger Sportler*] [*geht*] [*zum Training.*]

Man unterscheidet folgende adverbiale Bestimmungen:

Adverbiale Bestimmung …	Beispiele	Fragen
des Ortes	zur alten Mühle, im Haus	Wohin? Wo?
der Zeit	am Vormittag, gestern	Wann? Bis wann? Seit wann?
der Art und Weise	schnell, mit lauter Stimme	Wie?
des Grundes	trotz meiner Schmerzen, vor Kälte	Warum? Weshalb?
des Zwecks	zum Spaß, zur Erholung	Wozu?

11 **Rahme die Satzglieder ein und bestimme sie.**

a) Erfolgreiche Sportler trainieren regelmäßig.

....

b) Die meisten bereiten sich mit Geduld auf die Wettkämpfe vor.

....

c) Sportler verbringen nachmittags viel Zeit auf dem Sportplatz.

....

12 **Kreise im folgenden Text alle adverbialen Bestimmungen ein. Verwende die Umstell- bzw. Weglassprobe, um sie zu finden.**

Lauftraining im Wald

Gestern Nachmittag haben wir im Verein ein leichtes Lauftraining durchgeführt. Unser Trainer hatte zur Abwechslung einen Waldlauf vorgeschlagen. Alle stimmten diesem Vorschlag sofort mit großer Begeisterung zu. Wir sind ganz langsam zum alten Forsthaus gelaufen. Im Garten des Forsthauses haben wir 10 Minuten Pause gemacht. Das Laufen auf dem weichen Waldboden gefällt mir sehr gut. Wegen meiner Knieprobleme laufe ich nicht gerne auf hartem Untergrund. Kurz vor Sonnenuntergang trafen wir wieder im Stadion ein. Nächstes Mal wollen wir bis zur alten Mühle laufen.

13 **Bestimme die eingerahmten adverbialen Bestimmungen genauer, indem du in die Klammern „Ort“, „Zeit“, „Art und Weise“, „Grund“ oder „Zweck“ einträgst.**

Sportfest mit Blitz und Donner

Im letzten Sommer (Zeit) haben wir auf unserem Vereinsplatz (..............................) mit großem Erfolg (..............................) ein Sportfest durchgeführt. Alle Vereinsmitglieder haben etwas zur Unterhaltung (..............................) beigetragen. Großzügig (..............................) haben die Gäste für die Verpflegung gesorgt. Überall (..............................) herrschte eine gute Stimmung. Wegen des schlechten Wetters (..............................) mussten einige Wettkämpfe und Attraktionen überraschend (..............................) abgesagt werden. Völlig unerwartet (..............................) waren gegen Nachmittag (..............................) dunkle Wolken schnell (..............................) aufgezogen. Wenig später (..............................) blitzte es heftig (..............................). Kurz darauf (..............................) begann es zu schütten. Zum Schutz vor dem Unwetter (..............................) flüchteten alle ins Vereinsheim. Alle haben die Situation geduldig und humorvoll (..............................) bewältigt. Nach dem Gewitter (..............................) wurde der Sportplatz gemeinsam (..............................) aufgeräumt. Schon bald (..............................) konnte die Feier fortgesetzt werden.

Das Unwetter war abends (..............................) auf dem Heinweg (..............................) schnell (..............................)vergessen.

14 **Ergänze die Sätze durch adverbiale Bestimmungen, indem du die Informationen in den Klammern verwendest.**
Achtung: Es gibt meistens mehrere Möglichkeiten, die Sätze zu ergänzen.

a) Das Unwetter hatte größere Schäden angerichtet. (Sportplatz)

Das Unwetter hatte auf dem Sportplatz größere Schäden angerichtet.

b) Die Laufbahn und die Sprunggruben konnten nicht mehr benutzt werden. (große Pfützen)

c) Wir holten Werkzeug. (Säubern der Anlage)

d) Wir sammelten alle Blätter und Äste ein. (viel Geduld, Sprunggruben)

e) Grill und Würstchen hatte man vor einem Regenguss gerettet. (letzte Minute)

f) Die Helfer wurden abends vom Platzwart gelobt. (im Vereinsheim)

Ready to sketch – Seite zum Fertigmalen

aaangweiliger Nachmittag? Warten auf den Bus?
eine Freundin verspätet sich und kommt und kommt nicht?

ertreib dir die Zeit mit dieser Seite zum Fertigmalen!

Venn ich damit erstmal anfange, kann ich meistens gar nicht
vieder aufhören …
nd dann ist der Nachmittag plötzlich kein bisschen mehr langweilig,
n Bus kann ich super weitermalen und wenn meine Freundin endlich
a ist, schenke ich ihr mein Kunstwerk.

Ups, hier fehlt jede Menge Kram, der uuunbedingt mit muss …

ABSCHLUSSTEST

1 **Bestimme in den folgenden Sätzen die Satzglieder. Unterstreiche dazu die Subjekte blau, die Prädikate rot und die Objekte grün. Wende die Umstellprobe an, wenn du unsicher bist.**

a) Sven und Lars hoffen auf eine Medaille.

b) Der etwas ältere Lars nimmt am Wettkampf im Stabhochsprung teil.

c) Für den Weitsprung ist der jüngere Sven angemeldet.

d) Lars macht Sven Hoffnung auf einen Sieg.

e) Der Trainer hilft beiden Jungen bei der Vorbereitung.

f) Von der Trainingsqualität hängt der Erfolg ab.

g) Lars Eltern werden zum Wettkampf kommen.

h) Svens Eltern haben ein paar Tage Urlaub genommen.

i) Sie erwarten einen guten Wettkampf.

j) Über die wichtigsten Ereignisse werden die Lokalzeitungen berichten.

k) Die Medien versprechen den beiden jungen Sportlern eine sehr erfolgreiche

Zukunft.

l) Wir wünschen ihnen viel Glück.

= erreichte Punktzahl / maximale Punktzahl **24** (2 Punkte pro Teilaufgabe)

2 **Schreibe die adverbialen Bestimmungen aus dem Text heraus und bestimme sie genauer.**

Unwetter unterbricht Sportfest

Dortmund, 09.10.20 – Ein heftiges Unwetter unterbrach am Samstagnachmittag völlig überraschend das Sommerfest des Sportvereins Grün-Weiß. Fast 1000 Menschen feierten am Samstag in bester Stimmung auf dem Vereinsplatz von Grün-Weiß ihr Sommerfest. Sportliche Wettkämpfe und Spiele sorgten vormittags für gute Unterhaltung. Unter großem Beifall gewann die Vereinsmannschaft recht unerwartet den Staffelwettbewerb. Etwas später sorgte der erst 15-jährige Marco beim Hochsprung für Aufsehen. Wegen plötzlich einsetzenden Starkregens mussten die geplanten Wettkämpfe am Nachmittag ausfallen. Alle Gäste warteten geduldig im Vereinsheim das Ende des Gewitters ab. Wegen des völlig aufgeweichten Bodens konnten nach dem Gewitter auf dem Platz keine Wettkämpfe mehr durchgeführt werden. Ohne Einschränkungen wurde das Sportfest trotz der wetterbedingten Störungen von allen Anwesenden positiv bewertet.

am Samstagnachmittag (Zeit),

maximale Punktzahl **19** / erreichte Punktzahl =

Kontrolliere deine Ergebnisse mithilfe der Lösungen (Seite 132), addiere dann die erreichten Punkte.

☐ 43 bis 30 Punkte: ☐ 21 bis 10 Punkte: ☐ 9 bis 0 Punkte:

Gesamtpunktzahl von max. **43**

6 SATZARTEN

Aussagesatz, Fragesatz oder Aufforderungssatz?

REGEL

Je nach Redeabsicht unterscheidet man folgende Satzarten:

1. **Aussagesatz:** Etwas wird ohne besonderen Nachdruck ausgesagt. Die konjugierte Personalform (trinkt, wird gezeigt, hat gegessen) des Prädikats steht an zweiter Stelle des Satzes.
   Der Satz endet mit einem Punkt.
   Beispiel: *Der Turner wird sein ganzes Können zeigen.*

2. **Fragesatz:** Es wird nach etwas gefragt. Die Personalform des Prädikats steht im Satz an erster Stelle oder folgt unmittelbar nach einem Fragewort (z. B. wann, wo oder wie).
   Der Satz endet mit einem Fragezeichen.
   Beispiel: *Wird der Turner sein ganzes Können zeigen können?*

3. **Aufforderungssatz:** Es wird mit Nachdruck um etwas gebeten oder eine Aufforderung ausgesprochen.
   Der Satz endet mit einem Ausrufezeichen und das Prädikat steht häufig in der Befehlsform an erster Stelle im Satz.
   Beispiel: *Zeige dein Können, Turner! Das schaffst du doch!*

1 **Um welche Satzart handelt es sich? Setze das richtige Satzschlusszeichen (Punkt, Fragezeichen oder Ausrufezeichen).**

Liebe Mavie,

nächste Woche finden bei uns die Turnmeisterschaften statt .... Ich werde auf jeden Fall am Wochenende hingehen .... Bist du schon einmal bei einem Turnfest gewesen .... Du solltest diese Gelegenheit nicht verpassen .... Hast du Zeit und Lust, mich zu begleiten .... Oder musst du dich auf eine Arbeit vorbereiten .... Eine Eintrittskarte könnte ich für dich auf alle Fälle noch besorgen .... Komme doch bitte mit .... Eine Pause tut auch dir mal gut ....

Gib mir schnell Bescheid, ob es bei dir klappt ....

Liebe Grüße von Sven

Hauptsatz oder Nebensatz?

REGEL

Texte bestehen meistens aus Haupt- und Nebensätzen.

1. Ein **Hauptsatz** ist ein **selbstständiger Satz**, der auch alleine stehen kann. Die Personalform des Prädikats (der konjugierbare Teil) steht im Hauptsatz in der Regel als zweites Satzglied.
   Beispiel: *Die Schwimmwettkämpfe finden im Hallenbad statt. Das Wetter ist sehr schlecht.*

2. Ein **Nebensatz** kann **nicht alleine stehen**, sondern bezieht sich immer auf einen Hauptsatz, bei dem er steht. Ein Nebensatz lässt sich daran erkennen, dass das Prädikat immer am Ende steht. Nebensätze werden durch ein Komma vom Hauptsatz getrennt.
   Beispiel: *Die Schwimmwettkämpfe finden im Hallenbad statt, weil das Wetter sehr schlecht ist. (Hauptsatz und Nebensatz)*
   Nebensätze können ...
   - **vor dem Hauptsatz** stehen (Kopfstellung): *Weil das Wetter sehr schlecht ist, finden die Wettkämpfe im Hallenbad statt.*
   - **nach dem Hauptsatz** stehen (Endstellung): *Die Wettkämpfe finden im Hallenbad statt, weil das Wetter sehr schlecht ist.*
   - **in den Hauptsatz eingebettet** sein (Mittelstellung): *Die Wettkämpfe finden, weil das Wetter sehr schlecht ist, im Hallenbad statt.*

2 **Setzte im Text die fehlenden Kommata, die die Hauptsätze von den Nebensätzen trennen.**

Das letzte Training für den Schwimmwettkampf ist ausnahmsweise in das Hallenbad verlegt worden weil es draußen regnet und kalt ist.
Da während unserer Trainingszeit im Hallenbad noch öffentlicher Badebetrieb stattfindet müssen wir beim Training im Hallenbad mit zwei Bahnen auskommen.
Damit wir für den Staffel-Wettbewerb richtig trainieren können benötigen wir eigentlich mindestens vier Bahnen.
Im letzten Herbst als das Wetter genauso schlecht war wurde unsere Wettkampfvorbereitung dadurch ziemlich gestört.
Wenn das Wetter weiter so schlecht bleibt werden die Wettkämpfe wahrscheinlich auch in der Halle stattfinden.

3 Unterstreiche die Hauptsätze rot und die Nebensätze blau.

Die Schwimmwettkämpfe müssen in diesem Jahr in der Halle ausgetragen werden, da die Wettervorhersagen ungünstig sind. In der nächsten Woche soll es immer wieder kräftig regnen. Außerdem soll es für diese Jahreszeit bereits recht kühl werden. Die Vorsichtsmaßnahme ist notwendig, damit Verletzungen bei den Sportlern vermieden werden. Im Hallenbad wird es für die Zuschauer allerdings etwas eng werden. Wenn es das Wetter doch noch erlauben sollte, werden bestimmte Veranstaltungen nach draußen verlegt. Vor allem den Turmspringern wäre das lieber. Der Sprungturm im Hallenbad ist in keinem besonders guten Zustand. Außerdem spiegelt sich das Licht, wenn es durch die großen Scheiben des Hallenbades fällt, auf der Wasseroberfläche. Die Springer können deshalb nicht so gut sehen, wann sie in das Wasser eintauchen. Den Schwimmern gefällt allerdings die Stimmung im Hallenbad immer gut. Sie mögen es, wenn das Publikum sie lautstark anfeuert. In der Halle sind Anfeuerungsrufe und Beifall viel deutlicher zu hören.

Eine Aneinanderreihung von Hauptsätzen nennt sich **Satzreihe**. Von einem **Satzgefüge** spricht man, wenn Haupt- und Nebensatz miteinander verbunden sind.

Beispiel: Satzreihe: Der Turner zeigt einen gekonnten Doppelsalto. Das Publikum ist begeistert.
Satzgefüge: Das Publikum ist begeistert, weil der Turner einen gekonnten Doppelsalto zeigt.

4 Verbinde die folgenden Sätze zu einem Satzgefüge.

a) Die Wettkämpfe im Turnen sind immer besonders gut besucht.
Man bekommt sensationelle Übungen geboten.

....

....

....

b) Die Halle ist stets ausverkauft.
Die jungen Turnerinnen präsentieren ihre Bodenkür.

....

....

....

c) Die Männer zeigen gewagte Übungen am Reck und an den Ringen.
Dem Publikum stockt der Atem.

....

....

....

5 **Schreibe den Text ab. Fasse einige Sätze zu Satzgefügen zusammen, damit es flüssiger klingt. Du kannst die Reihenfolge der Sätze in den Satzgefügen natürlich umstellen.**

Begeisterung pur

Ich bin selbst eine begeisterte Turnerin. Ich bewundere das Können der anderen. Kurz vor Ende der Veranstaltung gehe ich meistens schon zum Seitenausgang der Halle. Ich sammle seit langem Autogramme von bekannten Sportlern. Wer zu spät kommt, hat keine Chance. Alle Sportler wollen nach einem anstrengenden Tag schnell nach Hause. Nach der Siegerehrung kommen alle Zuschauer aus der Halle. Es gibt immer ein großes Gedränge. Ich kaufe jedes Mal die Programmhefte. Die Sportler können direkt unter ihrem Bild unterschreiben.

REGEL

1. Adverbialsätze sind eine Gruppe von Nebensätzen, die die Umstände eines Geschehens näher erläutern.
   Man unterscheidet folgende Arten von Adverbialsätzen:
   - **Lokalsatz** (Ort, Richtung): *Alle sahen auf die Stelle, wo die Turnerin gerade gestanden hatte.*
   - **Temporalsatz** (Zeit): *Alle klatschten, als die Turnerin in die Halle kam.*
   - **Modalsatz** (Art und Weise): *Sie bedankte sich, indem sie sich verbeugte.*
   - **Kausalsatz** (Grund): *Voriges Jahr konnte die Turnerin nicht am Wettkampf teilnehmen, weil sie verletzt war.*
   - **Finalsatz** (Zweck): *Sie war sehr vorsichtig, damit sie sich nicht wieder verletzte.*
2. In manchen Fällen können Adverbialsätze die Aufgabe einer adverbialen Bestimmung übernehmen.
   Beispiel: *Wegen einer Verletzung kann der Turner nicht am Wettkampf teilnehmen. → Der Turner kann nicht am Wettkampf teilnehmen, weil er verletzt ist. (Kausalsatz)*

6 **Formuliere die unterstrichenen adverbialen Bestimmungen in Nebensätze (Adverbialsätze) um.**

Beim Turnen auf dem Schwebebalken benötigen die Turnerinnen völlige Ruhe in der Halle.

Die Turnerinnen benötigen völlige Ruhe in der Halle, wenn sie auf dem Schwebebalken turnen.

a) Wegen der großen Verletzungsgefahr ist beim Turnen auf dem Schwebebalken absolute Konzentration erforderlich.

....

....

b) Das Publikum darf erst nach Abschluss der ganzen Übung klatschen.

....

....

c) Für die sichere Landung am Ende der Kür liegt eine Weichbodenmatte bereit.

d) An der Landestelle der Turnerin steht der Trainer zur Sicherung bereit.

e) Durch das Ausbreiten der Arme kommt die Turnerin bei der Landung ohne Hilfestellung aus.

TIPP

Die Konjunktionen (Bindewörter), die Nebensätze häufig einleiten, lassen erkennen, um welche Art von Nebensatz es sich handelt.

Art des Nebensatzes	Konjunktionen
Lokalsatz	wo, woher, wohin
Temporalsatz	als, nachdem, während, bevor
Modalsatz	indem, dadurch dass
Kausalsatz	weil, deshalb, da
Finalsatz	damit, dass, auf dass, um zu

7 Füge die passende Konjunktion (wo, als, indem, weil, ...) ein.

a) Nina wird in ihrer Mannschaft als faire Sportlerin geschätzt, ... sie immer hilfsbereit ist.

b) Sie tut sich besonders hervor, ... sie in ihrer Mannschaft für Ruhe sorgt.

c) .... andere etwas gemerkt haben, ist sie schon zur Stelle.

d) Sofort geht sie dahin, ... ein Streit entstehen könnte.

e) .... andere erst einmal überlegen, hat Nina schon längst gehandelt.

f) Sie sucht ständig das Gespräch mit den Gegenspielerinnen, ... eine entspannte Atmosphäre herrscht.

g) Bereits bestehende Konflikte versucht sie zu lösen, ... sie darüber spricht.

h) Alle möchten Nina gerne in ihrer Mannschaft haben, ... sie so beruhigend auf die Spielgestaltung wirkt.

i) Beim letzten Spiel, ... Nina krank war, hat man das sofort an der Stimmung der Mannschaft gemerkt.

j) .... die anderen ihrem Beispiel folgen, ist Nina öffentlich vom Trainer gelobt worden.

k) .... Nina diese Auszeichnung erhalten hatte, versuchten ihre Mitspielerinnen, auch fairer zu sein.

REGEL

1. **Relativsätze** werden nicht mit einer Konjunktion (als, weil ...), sondern mit einem **Relativpronomen** (der, die, das) **eingeleitet**.
   Das Relativpronomen bezieht sich auf das Bezugswort, zu dem der Relativsatz gehört. Es richtet sich in Geschlecht, Person und Numerus nach dem Bezugswort und steht direkt dahinter.
   Beispiel: *Besonders viel Beifall erntete der Turner, **der** gerade seine Kür am Barren gezeigt hatte.*
   *Besonders viel Beifall erntete die Turnerin, **die** gerade ihre Kür am Stufenbarren gezeigt hatte.*
   *Die Turnerin erntete Beifall vom Publikum, **das** begeistert war.*

2. Der Relativsatz wird durch Komma vom Hauptsatz abgetrennt. Oft wird der Relativsatz auch von Kommas eingerahmt, da er häufig in Mittelstellung steht.
   Beispiel: *Die Turnerin, die gerade ihre Kür am Stufenbarren gezeigt hatte, erhielt besonders viel Beifall.*

8 **Unterstreiche die Relativsätze und kreise die Relativpronomen ein.**

Über den Rücken des Pferdes

Die Turner, die über das Pferd springen wollen, benötigen sehr viel Anlauf. Den Anlauf, den sie brauchen, legen sie bereits im Training genau fest. Häufig kennzeichnen sie die Startposition mit einem Maskottchen, das sie neben die Laufbahn legen. Es soll dem Springer, dem es gehört, Glück bringen.

9 **Unterstreiche die Relativsätze. Füge die fehlenden Kommas ein.**

Alle Springer, die am Wettkampf teilnehmen, sind etwas abergläubisch. Keiner würde das Maskottchen das einem anderen gehört anfassen oder gar verschieben. Vor jedem Sprung kontrollieren die Trainer die ihre Schützlinge betreuen die richtige Position des Absprungbrettes. Ein Absprungbrett das falsch liegt führt zu großen Problemen beim Sprung. Der richtige Absprung ist entscheidend für die Qualität der Flugphase die der Springer erreicht. Das Kampfgericht das den Sprung bewertet beurteilt vor allem auch die einwandfreie Landung. Ein Springer der bei der Landung wackelt erhält deutliche Punktabzüge.

10 **Setze die fehlenden Relativpronomen in der richtigen Form ein.**

Die Anzeigetafel zeigt dem Sportler, ... gerade gesprungen ist, welche Punktzahl er insgesamt erhalten hat. Nach dem dritten Versuch werden alle Ergebnisse, ... ein Springer erreicht hat, zusammengezählt. Die Tafel zeigt den Springern, ... noch einen letzten Sprung haben, welche Punktzahl sie noch benötigen, um zu den Siegern zu gehören. Am Ende des Wettkampfs blinken die Namen derjenigen, ... die ersten drei Plätze belegt haben. Denen, ... gewonnen haben, sieht man an, wie glücklich sie darüber sind. Diejenigen, ... nicht zu den Siegern gehören, werden meistens sofort von ihren Trainern getröstet.

Habit Tracker: Books in one Year

Zwischen zwei Buchdeckeln gibt es sooo viele coole, spannende und überraschende Geschichten – nur komme ich meistens nicht dazu, alle Bücher von meinem Want-to-Read-Stapel zu lesen. Da sind die Schule und die Hausaufgaben und die Freundinnen und mein Smartphone und und und ...

Damit mein Bücherstapel mich nicht mehr so staubig-traurig anguckt, habe ich mir einen Habit Tracker fürs Lesen ausgedacht!

Ein Habit Tracker hilft mir dabei, mir selbst gute Gewohnheiten beizubringen. Also zum Beispiel *Jeden Tag genug Wasser trinken* oder *1x pro Woche Sport machen*. Ich kann ihn täglich oder auch in längeren Abständen ausfüllen.

Ich will gern mehr Bücher lesen und kriege das viel zu selten hin.

Also her mit dem Habit Tracker Books in one Year!

Ich male für jedes gelesene Buch auf dem Stapel rechts einfach eines farbig an. Dann noch Titel und Datum dazuschreiben – fertig! So sehe ich nach zwölf Monaten auf einen Blick, wie viele und welche Bücher mich über das Jahr begleitet haben.

Und hey, das kann eine ganz schön beeindruckende Liste werden!

ABSCHLUSSTEST

1 Unterstreiche die Nebensätze und bestimme sie genauer.

a) Fairness im Sport ist sehr wichtig, damit Verletzungen vermieden werden.

(..)

b) Unfälle im Sport passieren meistens, weil die Sportler zu wenig Rücksicht aufeinander nehmen. (..)

c) Nachdem ein Wettkampf richtig begonnen hat, fällt Zurückhaltung häufig besonders schwer. (..)

d) Indem man sich selbst im Zweikampf kontrolliert, kann man seinen Gegner schonen. (..)

e) Wo Gefahren lauern, muss man besonders vorsichtig miteinander umgehen.

(..)

f) Während jemand verletzt am Boden liegt, sollten die anderen nicht einfach weitermachen. (..)

g) Jeder sollte Rücksicht auf andere nehmen, weil man selbst auch Rücksicht erwartet. (..)

h) Ein Sportler, der sich fair verhält, ist ein Vorbild für andere.

(..)

= erreichte Punktzahl / maximale Punktzahl **16** (2 Punkte pro Satz)

2 Bestimme die Satzart und setze das richtige Satzschlusszeichen.

a) Fairness ist im Sport sehr wichtig ...... (...............................)

b) Geht im Wettstreit fair miteinander um ...... (...............................)

c) Wie wird der fairste Sportler ermittelt ...... (...............................)

d) Zeige anderen, was Fairness bedeutet ...... (...............................)

e) Gesundheit ist wichtiger als Erfolg ...... (...............................)

maximale Punktzahl **10** (2 Punkte pro Satz) / erreichte Punktzahl =

Kontrolliere deine Ergebnisse mithilfe der Lösungen (Seite 134), addiere dann die erreichten Punkte.

☐ 26 bis 12 Punkte: ☐ 11 bis 6 Punkte: ☐ 5 bis 0 Punkte:

Gesamtpunktzahl von max. **26**

LÖSUNGEN

KAPITEL 1: NOMEN

Seite 6

1 Der Besuch im Zoo war ein lang geäußerter **Wunsch**. Benjamin freute sich besonders auf die Tiere im **Affengehege**. Die Enten, die seine Eltern auf dem **Teich** am **Eingang** bewunderten, interessierten ihn nicht. Er hatte etwas **Glück**, dass sie Freunde trafen, die auch zu den Affen wollten.

Seite 7

2 **Ärger bei den Affen**
Bei den Affen gab es Ärger, weil die Tiere sich um einen Lappen stritten, den sie dem Tierpfleger aus der Hosentasche gestohlen hatten. Das kleinste Tier der Gruppe erwischte schließlich das Tuch und flüchtete damit auf den höchsten und dünnsten Ast des Kletterbaums im Gehege. Aus Übermut winkte es seinen Verfolgern mit dem Putztuch zu und klatschte sich selbst heftig Beifall.

3

hoffen	Hoffnung	entdecken	Entdeckung
nützlich	Nützlichkeit	versäumen	Versäumnis
warnen	Warnung	bescheiden	Bescheidenheit
frech	Frechheit	richtig	Richtigkeit
erzählen	Erzählung	einsam	Einsamkeit
gestehen	Geständnis	leiten	Leitung

Seite 8

4 Ein großer Schrecken
Das Garagentor war hinter uns automatisch zugefahren. **Die** plötzliche Finsternis kam für uns völlig überraschend. Eigentlich wollten wir nur schnell unsere **Fahrräder** abstellen. Jetzt saßen wir in **der** Dunkelheit fest.

Seite 9

5

Maskulinum	Femininum	Neutrum
der Hund	die Sonne	das Schwein
der Mond	die Stille	das Trampolin
der Nachbar	die Pumpe	das Geschirr
der Geschirrspüler	die Dachlatte	das Hallenbad
der Wattetupfer	die Mumie	das Halsband

6

Nomen	Geschlecht	Bedeutung
Steuer	das Steuer	Lenkrad im Auto bzw. beim Schiff
	die Steuer	Abzug vom Gehalt durch das Finanzamt
Leiter	der Leiter	eine Person, die sagt, was zu tun ist
	die Leiter	eine Aufstiegshilfe
Band	der Band	ein Teil eines Lexikons, einer Buchreihe
	die Band	eine Musikgruppe
	das Band	eine Schnur
Kiefer	die Kiefer	ein Nadelbaum
	der Kiefer	knochiger Teil des Mundes
See	der See	ein Binnengewässer
	die See	anderer Begriff für ‚Meer'

Seite 10

7 **Schreck am Nachmittag**

Wir hatten uns beim Abstellen unserer **Fahrräder** selbst in der **Garage** eingesperrt, da beide **Tore** sich automatisch geschlossen hatten. Heftiges **Klopfen** und laute **Schreie** halfen nichts. Zum Glück ließen zwei kleine **Fenster** etwas **Licht** in die Dunkelheit. Auszusteigen war aber unmöglich, da **Gitterstäbe** zum Schutz von **Einbrechern** angebracht waren. Wir untersuchten die **Kiste • Kisten**, **Plastiktüte • Plastiktüten** und **Geräte**, die in den **Ecken** herumlagen, nach möglichem **Werkzeug**.

8 Geschwister • Mutter • Laub • Ferien • Hobby • Gold • Bild • Trümmer • Gast • Getreide • Garten • Gebirge • Gans • Schuh • Pocken • Obst • Frucht • Kälte • Lehrer • Möbel • Haus • Leute

Seite 12

9 Da er sehr müde war, legte er sich auf **den** Rasen. Das Geschrei des **Bruders** störte ihn nicht. Schnell schlief er tief ein und träumte von den Stränden des **Mittelmeers**. Erst das Wasser des **Rasensprengers** riss ihn aus **dem** Traum. Sein kleiner Bruder hatte den Strahl auf **den** Schlafenden gerichtet.

Seite 13

10

Singular	Nominativ	der Hund	die Schwester	das Haus
	Genitiv	des Hundes	der Schwester	des Hauses
	Dativ	dem Hund	der Schwester	dem Haus
	Akkusativ	den Hund	die Schwester	das Haus
Plural	Nominativ	die Hunde	die Schwestern	die Häuser
	Genitiv	der Hunde	der Schwestern	der Häuser
	Dativ	den Hunden	den Schwestern	den Häusern
	Akkusativ	die Hunde	die Schwestern	die Häuser

11

Nomen	Genus	Numerus	Fall
des Menschen	Maskulinum	Singular	Genitiv
der Katze	Femininum	Singular	Genitiv, Dativ
den Gärtnern	Maskulinum	Plural	Dativ
das Boot	Neutrum	Singular	Nominativ, Akkusativ
den Lehrerinnen	Femininum	Plural	Dativ

Seite 14/15

12 **Spaß im neuen Freibad**

Schon der Eingangsbereich **des Schwimmbades** ist nach der Renovierung vollständig geändert. Große farbige Tafeln weisen **dem Badegast • den Badegästen** den Weg zu den Umkleidekabinen. Für **die Babys** gibt es ein Planschbecken. Die Temperatur **des Beckens** beträgt 30 Grad Celcius. Das große Schwimmbecken lockt mit seinen 50-Meter-Bahnen **die Sportschwimmer**. Die Wasserrutschen aber ziehen **die Kinder** an. Für **den Angsthasen • die Angsthasen** gibt es eine ganz flache Rutsche; für die Mutigen eine Turbo-Rutsche, auf der man flach auf **dem Rücken** liegend in **die Flut • die Fluten** schießt. Das Gefälle ist **den Erwachsenen** meist viel zu steil. Sie gehen lieber in **die Ruhezone**, um dort auszuspannen. Wer keine Liege mehr bekommt, legt sein Badetuch auf **den Rasen**. An dieser Stelle **des Bades** stört **das Geschrei** bei **der Rutsche • den Rutschen** kaum. Nur die laute Stimme **des Bademeisters** ist von Zeit zu Zeit zu hören, wenn er durch **den Lautsprecher • die Lautsprecher** Gäste ermahnt, die sich nicht an **die Baderegeln** halten. Auf jeden Fall hat sich **der Umbau der Freizeitanlage** für **den Badegast • die Badegäste** gelohnt. Wenn es morgen in **der Schule** Hitzefrei gibt, werde ich wieder schwimmen gehen.

Seite 15

13 So können die Beispielsätze aussehen:
Das Instrument gehört dem Musiker.
Heute war ich auf der Weide bei den Pferden.
Der Rahmen des Bildes ist schief.
Ich betrete das Zimmer der Schwester.
Ich gebe der Schwester das Buch zurück.

Seite 16

14 a) Der Zoo liegt in **dem** Teil der Stadt, den ich gut kenne. (Dativ)
b) Maria sitzt in **dem** Apfelbaum auf der linken Seite des Gartens und beobachtet, wie Peter in **den** anderen Baum klettert. (Dativ • Akkusativ)
c) Die Tante will mit **den** Kindern spielen und legt das Spielbrett deshalb auf **den** Tisch. (Dativ • Akkusativ)
d) Die Oma liest ihren Enkeln aus **dem** Märchenbuch vor, das sonst in **der** Kommode aufbewahrt wird. (Dativ • Dativ)
e) Pia bringt **dem** großen Bruder ein Tuch in **den** Garten. (Dativ • Akkusativ)
f) Er setzt sich mit **dem** Stuhl an **den** gedeckten Tisch. (Dativ • Akkusativ)
g) Mit **dem** Zug sind wir schneller als mit **dem** Bus. (Dativ • Dativ)
h) Sven fährt mit **dem** Rad über **den** Marktplatz. (Dativ • Akkusativ)

Seite 17

15

Singular	Nominativ	ein Bauer	eine Geige	ein Pferd
	Genitiv	eines Bauern	einer Geige	eines Pferdes
	Dativ	einem Bauern	einer Geige	einem Pferd
	Akkusativ	einen Bauern	eine Geige	ein Pferd

16 An **der** Haltestelle „Lindemannstraße" stieg **ein** Kontrolleur in den Bus. Der Junge im hinteren Teil des Busses bekam sofort **einen** roten Kopf, weil er **das** Ticket, das er gekauft hatte, wohl nicht an **dem** Automaten am Eingang des Busses abgestempelt hatte.

Seite 18

17 **Stromausfall**

Sarah war 11 Jahre alt, als ihre Eltern sie **eines** • ~~des~~ Abends zum ersten Mal alleine in ~~einer~~ • **der** Wohnung ließen, weil sie zu **einer** • ~~der~~ kranken Bekannten gehen wollten. Sarah setzte sich gemütlich in ~~einen~~ • **den** Fernsehsessel ihres Vaters, um sich **einen** • ~~den~~ Film im Fernsehen anzusehen. Da gab es plötzlich **einen** • ~~den~~ lauten Knall und die ganze Wohnung war stockfinster. ~~Ein~~ • **Der** Knall kam so überraschend, dass Sarah vor Schreck **einen** • ~~den~~ Schrei ausstieß und **ein** • ~~das~~ Glas mit Orangensaft, das sie sich kurz zuvor aus ~~einem~~ • **dem** Kühlschrank geholt hatte, auf ~~einen~~ • **den** Teppich fallen ließ. Wahrscheinlich hatte es **einen** • ~~den~~ Kurzschluss gegeben und eine Sicherung war herausgesprungen. Sarah wusste, dass es im Keller **einen** • ~~den~~ Sicherungskasten geben musste. Sie nahm sich vor, ~~einen~~ • **den** Kasten im Keller zu suchen. Dunkler als in ~~einem~~ • **dem** Wohnzimmer konnte es in ~~einem~~ • **dem** Keller nicht sein. Gerade in ~~einem~~ • **dem** Augenblick, als sie ~~eine~~ • **die** automatisch abgeschaltete Sicherung gefunden hatte, hörte sie ~~einen~~ • **den** Wagen ihrer Eltern in ~~einer~~ • **der** Garage. Auch wenn ~~ein~~ • **das** Licht wieder brannte, war Sarah froh.

ABSCHLUSSTEST

Seite 20

1 **Fütterung der Seelöwen**

Auf dem Weg zu den Seelöwen musste Benjamin einer Umleitung folgen, da Bauarbeiter mit der Verlegung eines Kanalrohrs beschäftigt waren. Benjamins Eltern zeigten Verständnis dafür, dass er sie zur Eile antrieb. Eine gewisse Pünktlichkeit war schon notwendig, wenn man einen guten Platz vor dem Becken haben wollte. Bei seiner Ankunft stellte Benjamin mit Zufriedenheit fest, dass er für den Beginn der Fütterung noch nicht zu spät war. In gespannter Erwartung hatten sich alle Tiere bereits vor der Gittertür eingefunden, durch die der Tierpfleger im nächsten Augenblick mit dem Eimer voller Fische kommen musste. Wegen der Verzögerung kam etwas Unruhe bei den Tieren auf.

Seite 21

2 **Befreiung aus der Garage**

Die dunkle Garage war fast zwei Stunden unser Gefängnis. Da unsere **Eltern** in der Stadt zum Einkaufen waren, hofften wir, dass unsere **Nachbarn** etwas merken würden. Alle **Versuche** hatten gezeigt, dass sich **die Garagentore** von innen nicht öffnen ließen. **Der** Wagenheber, **die** kleine Gartenharke und andere **Gegenstände**, die wir in der Garage gefunden hatten, waren als Werkzeug ungeeignet. Erst gegen Abend haben meine beiden **Schwestern** unser **Fehlen** bemerkt. **Die** Fernbedienung, die sie aus dem Haus holten, funktionierte zum Glück. Auch unsere technisch interessierten **Väter** konnten sich **das** Problem nicht wirklich erklären.

Seite 22

3 **Mein neues Mountainbike**

Gestern bin ich mit **den** Eltern und den **Geschwistern** in **die** Stadt gefahren, um ein neues **Mountainbike** für mich zu kaufen. Die **Angebote** in **dem** ersten Geschäft, das wir aufsuchten, waren sehr günstig. Obwohl mir **die** Farben nicht gefielen, hätte ich wegen **des Preises** • **dem Preis dem** Wunsch **der** Eltern fast nachgegeben. Im **Lager** des **Geschäftes** befand sich zum Glück **das** angebotene Rad noch in **der** richtigen Farbe. Man muss den **Träumen** und **der** Hoffnung einfach etwas Zeit und Raum geben.

4 das Fahrrad — Neutrum, Singular, Nominativ • Akkusativ
die Farben — Femininum, Plural, Nominativ • Akkusativ
im Lager — Neutrum, Singular, Dativ

Seite 23

5 **Deutsche Sprichwörter**
Ein blindes Huhn findet auch mal **ein** Korn.
Auf **einem** Bein kann man nicht stehen.
Der frühe Vogel fängt **den** Wurm.
Die Zeit heilt alle Wunden.
Einem nackten Mann kann man nicht in **die** Tasche fassen.
Eine Hand wäscht **die** andere.
Der Hunger kommt beim Essen.
Der Klügere gibt nach.
Den Nagel auf **den** Kopf treffen.
Einen alten Baum verpflanzt man nicht.

KAPITEL 2: PRONOMEN

Seite 25

1 **Unfreiwillige Zeugen**
Kai und Lars hatten beobachtet, wie zwei maskierte Männer in die Bank einstiegen. **Sie** kamen zufällig beim Gassi gehen mit ihrem Hund Rex an der Bank vorbei. **Er** schlug an, als **sie** sich der Bank näherten. Kai wollte sofort umkehren, aber Lars forderte ihn zum Bleiben auf. Kai* war kein Angsthase, meinte aber, es sei besser Hilfe zu holen. Gemeinsam versuchten **sie**, Rex zu beruhigen, damit die Einbrecher nicht auf sie aufmerksam wurden. Noch schienen die Einbrecher aber nicht bemerkt zu haben, dass sie beobachtet wurden. Der größere Mann half dem kleineren beim Einstieg in ein aufgebrochenes Fenster der Bank. Mit dem Rücken an die Wand gelehnt, bildete **er** mit den Händen eine Art Trittleiter. Lars wollte noch dichter an das Bankgebäude heran, als auch der größere Mann schließlich im Fenster verschwunden war.

* „Kai“ darf hier nicht durch ein Pronomen ersetzt werden, da bei Verwendung von „er“ der Bezug nicht eindeutig wäre.

2 Ich habe gestern einen Krimi im Fernsehen gesehen. **Er** war unglaublich spannend und handelte von zwei Verbrechern. **Sie** versuchten, sich gegenseitig die Schuld zuzuschieben, als sie gefasst wurden. Beide hatten den Plan für das Verbrechen ausgeheckt, aber jeder behauptete, der andere habe **ihn** alleine entwickelt und durchgeführt. Die Ermittlungsbeamten wussten nicht, wem sie glauben sollten.

Seite 26

3 a) Der größere Mann half **ihm** beim Einsteigen. (der kleinere Mann)
b) Im Fenster stehend zog er **ihn** zu sich hoch. (der kleinere Mann)
c) Die Einbrecher hatten **sie** noch nicht bemerkt. (die Jungen)
d) Aus der Entfernung schauten wir **ihnen** zu. (die Einbrecher)
e) Wir hielten **ihm** die Schnauze zu. (Rex, der Hund)
f) Jetzt konnte **er** nur noch leise winseln. (Rex)

4 **Kais Bericht**
Lars und ich • ~~**Wir**~~ haben gestern Abend zufällig zwei Männer in der Nähe der Sparkasse an der Scharnhorststraße beobachtet. ~~**Die Männer**~~ • **Sie** fielen ~~**Lars und mir**~~ • uns auf, weil unser Hund Rex plötzlich zu knurren begann. ~~**Rex**~~ • **Ihm** und ~~**Lars und mir**~~ • **uns** kam das Verhalten der Männer sofort sehr merkwürdig vor. **Lars** • ~~**Er**~~ wollte unbedingt alles ganz genau aus der Nähe beobachten. Ich konnte ~~**Lars**~~ • **ihn** einfach nicht aufhalten, sich unnötig in Gefahr zu begeben. **Rex** • ~~**Er**~~ war auch kaum zu beruhigen und hätte ~~**Lars und mich**~~ • **uns** fast verraten. Ich wollte **diesen Männern** • ~~**ihnen**~~ in der Dunkelheit auf keinen Fall zu nahe kommen. Zum Glück hat die Alarmsirene ~~**die Männer**~~ • **sie** vertrieben, bevor etwas Schlimmeres passiert ist.

Seite 27

5 **Unsere** Familie ist im Urlaub. Schon am ersten Tag hat sich **mein** Bruder verletzt, als er mit **seinem** Roller gestürzt ist. Der Roller gehörte früher einmal **mir**.

6 Liebe Nadja,
leider habe ich **deinen** letzten Brief erst heute lesen können. Für zwei Wochen war ich mit **meiner** Schwester und **meinen** Eltern nämlich in Südfrankreich. Auf dem Bild siehst du **unser** Hotel, in dem wir gewohnt haben. Stell dir einmal vor, am Strand, der zu **unserem** Hotel gehörte, habe ich **meine** • **deine** • **unsere** ehemalige Mitschülerin Anne aus der 6 b getroffen. Sie wohnte mit **ihren** Eltern zufällig im selben Hotel.
Liebe Grüße von Hannah

Seite 28

7 a) Die Campingausrüstung leihen wir uns bei **unseren Freunden**.
b) Das Zelt **meiner Brüder** ist etwas größer, da sonst **ihre Luftmatratzen** nicht **hineinpassen**.
c) Für **ihre Rucksäcke** ist trotzdem kaum noch Platz.
d) **Eure Wanderkarten haben** uns schon gute Dienste geleistet.

8 a) Wenn ich in diesem Urlaub das Surfen lerne, geht einer **meiner** größten Wünsche in Erfüllung.
b) Falls wir alle die Surf-Prüfung schaffen, werden wir **unseren** Erfolg ordentlich feiern.
c) Ohne Zweifel wird sie **ihr** Bestes geben.
d) Ihr müsst euch genauso anstrengen, um **eure** Surfscheine zu bekommen.
e) Auch du freust dich, wenn **deine** Anstrengungen sich am Ende gelohnt haben.

ABSCHLUSSTEST

Seite 30

1 **Julia als Kommissarin**
Gestern Nachmittag war Julia in der Stadt, denn morgens hatte **Julia** in einem Prospekt eine Bluse und eine Hose entdeckt. **Sie** war in ihrer Größe aber leider schon ausverkauft. Wenigstens gab es die Hose noch. An der Kasse stellte Julia sich mit der Hose in die Schlange. **Sie** war zum Glück nicht zu lang. Während des Wartens beobachtete sie zufällig eine gut gekleidete Frau. **Sie** war ziemlich überrascht. **Sie** steckte blitzschnell einen Pullover unter ihren Mantel. **Er** war recht dünn, sodass **der Pullover** unter dem Mantel kaum auffiel. Gerade als **sie** ihr folgen wollte, fiel ihr die noch nicht bezahlte Hose wieder ein. **Sie** stellte sich vor, was wäre, wenn plötzlich ein Hausdetektiv auftauchte: **Der Hausdetektiv** könnte Julia für eine Diebin halten. Mit der unbezahlten Hose in der Hand müsste **dem Hausdetektiv Julias** Verhalten verdächtig vorkommen. Julia wurde durch Geschrei aus ihren Gedanken gerissen. Die junge Frau mit dem Pullover unter dem Mantel war von einer Kassiererin gestoppt worden. **Sie** war dabei ziemlich aufgeregt und wurde laut. „Gut, dass ich **ihr** nicht gefolgt bin", dachte **sie**, als sie nach dem Bezahlen das Kaufhaus verließ.

Seite 31

2 **Freizeit am Gardasee**
Der Gardasee in Italien ist **mein • euer** ideales Urlaubsziel. Wenn ihr nicht nur den ganzen Tag am Strand **eures** Hotels in der Sonne liegen wollt, könnt ihr in der Surfschule am See **euren** Surfschein machen oder eine geführte Tour mit **euren** eigenen Mountainbikes erleben. Vor dem Start überprüfen die Betreuer die Tauglichkeit **eurer** Bikes und zeigen euch, in welcher Position sich **euer** Lenker und **eurer** Sattel befinden sollten. Sie führen **ihren** Job immer sehr gewissenhaft aus, da sie für **euer** Vergnügen und **eure** Gesundheit verantwortlich sind. **Ihre** Erfahrung ist **eure** Garantie für ein tolles Erlebnis. Für mich war allerdings **meine** erste Bergtour das größte Erlebnis bei **meinem** letzten Urlaub am Gardasee. Gemeinsam mit **meiner** älteren Schwester sind wir mit dem Sessellift direkt neben **unserem** Hotel zur Bergstation gefahren. Vor der Auffahrt hat **unsere** Bergführerin **unsere** Ausrüstung gründlich überprüft. Für **meine** Schwester und mich war das der Start zu einem spannenden Abenteuer. Wir werden **unseren** nächsten Urlaub wieder am Gardasee verbringen.

KAPITEL 3: ADJEKTIVE

Seite 32

1 Gestern besuchten wir die **große** Modellbau-Messe in der Stadt. Die **unzähligen** Stände in den **riesigen** Hallen verwirrten mich am Anfang schon. Alles war für mich neu und **aufregend**.

Seite 33

2 **Startschwierigkeiten auf der Modellbau-Messe**
Wir hatten uns einen **schlechten** Tag für unseren Besuch auf der Modellbau-Messe ausgesucht. Es war ein besonders **heißer** Tag und die **lange** Anfahrt mit dem **überfüllten** Zug war **fürchterlich**. In dem **ausgebuchten** Zug funktionierte die Klimaanlage nicht. **Verschwitzt** machten wir uns vom Bahnhof aus auf den **ausgeschilderten** Weg zum Messegelände. Der Fußweg war **kurz**, aber vor den wenigen Kassen, die **geöffnet** waren, standen überall **lange** Schlangen. Das **endlose** Warten in der Schlange war **langweilig** und wir waren **müde**, als wir endlich die **weitläufigen** Hallen mit den **interessanten** Ständen betreten konnten. Eine **nette** Dame in **blauer** Uniform überreichte uns am Informationsstand einen **farbigen** und **übersichtlichen** Lageplan zur **schnellen** Orientierung auf dem **riesigen** Gelände.

3 **Wettstreit der Schiffsmodelle**
Ein Höhepunkt dieser unterhaltsamen (**Fem.**) Veranstaltung waren die spannenden (**Mask.**) Wettkämpfe in den verschiedenen (**Fem.**) Bootsklassen. Bei den wendigen (**Neut.**) Segelschiffen kam es weniger auf die hohe (**Fem.**) Geschwindigkeit, sondern vielmehr auf die möglichst schnelle (**Fem.**) Wende beim Umfahren der roten (**Fem.**) und blauen (**Fem.**) Bojen an. Die kleinen (**Mask.**) Kapitäne der eher schwerfälligen (**Mask.**) und sehr breiten (**Mask.**) Tanker mussten zeigen, dass sie im engen (**Neut.**) Hafenbecken gut manövrieren konnten.

Seite 34

4 Alles war ziemlich **spannend**, aber wir mussten uns erst bei einem **kühlen** Getränk in einem der **kleinen** Cafés auf dem Messegelände erholen. An den anderen Tischen saßen schon **zahlreiche** Besucher, die **schwere** Plastiktüten auf die Tische gewuchtet hatten, in denen sich **farbige** Prospekte und **umfangreiches** Informationsmaterial zu **neuen** Modellen befanden. Das machte uns sehr **neugierig** auf das **aktuelle** Angebot und wir wollten mit dem Rundgang durch die Hallen beginnen. Zunächst nahmen wir uns vor, die Halle mit dem **runden** Wasserbecken aufzusuchen, um die **ferngesteuerten** Schiffsmodelle in Aktion zu sehen. Die Halle war **überfüllt** und der **freie** Blick auf die **geschickten** Manöver der Modellkapitäne war teilweise **versperrt**. Was wir zu sehen bekamen, war aber **traumhaft**.

Seite 35

5

		Femininum	Neutrum
Singular	Nominativ	die schnelle Fähre	das schöne Boot
	Genitiv	der schnellen Fähre	des schönen Boot(e)s
	Dativ	der schnellen Fähre	dem schönen Boot
	Akkusativ	die schnellen Fähren	das schöne Boot
Plural	Nominativ	die schnelle Fähre	die schönen Boote
	Genitiv	der schnellen Fähren	der schönen Boote
	Dativ	den schnellen Fähren	den schönen Booten
	Akkusativ	die schnellen Fähren	die schönen Boote

Seite 36

6 a) Mir gefielen die elegant**en** Segelschiffe besonders gut.
b) Mein Freund fand die laut**en** und schnell**en** Sportboote besser.
c) Aus den Kabinen des groß**en** Luxusdampfers fiel ein hell**er** Lichtschein auf die blank**e** Wasseroberfläche.
d) Ein breit**es** Containerboot besaß sogar einen elektrisch**en** Kran.
e) Der alt**e** Viermaster war ein sehr teur**es** Liebhabermodell.
f) Mit sicher**er** Hand steuerte die stolz**e** Besitzerin ein lang**es** U-Boot in das schmal**e** Hafenbecken.
g) Die begeistert**en** Zuschauer sparten nicht mit kräftig**em** Applaus und lobend**en** Kommentaren.
h) Ich kaufte kurz entschlossen einen nicht sehr anspruchsvoll**en** Bausatz für ein niedlich**es** Floß aus künstlich**en** Baumstämmen.
i) Ein hübsch**er** Mast mit einem faltbar**em** Segel gehörte ebenfalls zum Lieferumfang.
j) Ein passend**er** Ständer war als Zubehör erhältlich.
k) Nach lang**em** Basteln hatte ich ein klein**es**, fahrtüchtiges Floß.

Seite 39

7 Miniaturmodelle sind noch viel **kleiner** als die üblichen Modelle. Die **kleinsten** Modelle sind nicht viel größer als ein Stecknadelkopf. Je **winziger** die Modelle sind, um so **größer** ist der Aufwand für ihre Herstellung. Die **winzigsten** Teile können mit **großer • größter** Vorsicht nur unter Verwendung einer Pinzette zusammengesetzt werden.

8 Kai besitzt einen ziemlich **großen** Tanker als Modell. Auf der Messe möchte er sich einen noch **größeren** Tanker kaufen. Die **kleineren • kleinen** Tankermodelle interessieren ihn nicht. Lieber hätte er den **größten** Tanker als Bausatz. Dieser ist aber das **teuerste** Modell. Kai will noch etwas sparen, um später doch das **größte • große** Schiff zu kaufen.

Seite 40

9

Positiv	Komparativ	Superlativ
klein	kleiner	am kleinsten
reich	reicher	am reichsten
arm	ärmer	am ärmsten
weit	weiter	am weitesten
kurz	kürzer	am kürzesten
alt	älter	am ältesten
dumm	dümmer	am dümmsten
faul	fauler	am faulsten
tief	tiefer	am tiefsten
laut	lauter	am lautesten
leise	leiser	am leisesten

Seite 41

10 a) Die großen Bausätze mit mehr als 100 Einzelteilen sind in der Regel **teurer** als Modelle mit weniger Teilen.
b) Die großen Bausätze lassen sich meistens **schwieriger** zusammenbauen als die kleinen.
c) Bei den weniger aufwendigen Modellen ist man dafür **schneller** fertig und kann sich **früher** über das Ergebnis freuen.
d) Anfängern im Modellbau kann man es etwas **leichter** machen, wenn man Bausätze mit höchstens 50 Teilen kauft.

Seite 42

11 **Leicht- und Schwergewichte**
Alle Modelle im Maßstab 1:15 sind nach dem Zusammenbau immer **größer** als Modelle im Maßstab 1:32. Vor allem Schiffsmodelle aus Metall sind aufgrund des Baumaterials natürlich **schwerer** als vergleichbare Modelle aus Holz. Die Metallschiffe sind am **einfachsten** zu transportieren, da sie nicht so schnell beschädigt werden können. Die **leichtesten** Modelle aus dünnem Balserholz wiegen gerade einmal 150 Gramm. Die **kleinsten** Modelle haben ungefähr die Größe eines Stecknadelkopfes. Für die Modelle ist es auf jeden Fall am **sichersten**, wenn sie bei **weiten • weiteren** Transporten besonders sorgfältig in stabilen Kisten verpackt werden. Die **längeren** Schiffe lassen sich meistens in der Mitte teilen, da man sie sonst nicht in einem normalen Auto transportieren könnte. Viele Schiffsmodelle können sogar in mehrere Teile zerlegt werden. Der Transport dieser Modelle ist am **aufwendigsten**.

Seite 45

12 a) hoch, groß, nahe
b) sauer, teuer
c) hoch, groß, nahe
d) viel, gern, gut

13 Am **besten** ist, dass man mit Modelleisenbahnen richtig spielen kann. Meine **liebste** Beschäftigung ist das Rangieren mit **langen/längeren** Zügen im Betriebsbahnhof. Die **riesigste** Modellbahn hat der Vater eines meiner Freunde in seinem Garten. Eine **bessere** Gestaltung der Landschaft kann man sich nicht vorstellen.

Seite 46

14 **Kleine Züge ganz groß**
Auf der Messe strömten die **meisten** Besucher in die Halle, in der die Modelleisenbahnen ausgestellt waren. Die **kleinsten** und die **größten** Züge lockten die Menschen gleichermaßen an. Die meisten Modellbauer sind schließlich am **liebsten** immer noch Hobby-Lokführer. Besonderes Interesse fanden die Miniaturzüge, obwohl sie auch die **teuersten** waren. Ganz zufällig trafen wir in dieser überfüllten Halle einen **näheren** Bekannten, der zu Hause in seinem Keller die **größte** Modelleisenbahnanlage aufgebaut hat, die ich je gesehen habe. Das ganze Jahr über beschäftigt er sich mit dem Ausbau dieser Anlage. Vor allem aber im Winter, wenn es früh **dunkler** wird, verbringt er **mehr** Zeit bei seiner Eisenbahnanlage als sonst. Es ist bereits jetzt **höchste** Zeit, dass er über eine Erweiterung des Kellerraums nachdenkt. Die Züge fahren schon länger auf mehreren Ebenen. Auf den unteren Ebenen befinden sich **die meisten** Abstellgleise.

Seite 47

15

Positiv	Komparativ	Superlativ
lieb	lieber	am liebsten
tot	–	–
hell	heller	am hellsten
ledig	–	–
flach	flacher	am flachsten
schwarz	schwärzer	am schwärzesten
leblos	–	–
stumm	–	–
kurz	kürzer	am kürzesten
heiß	heißer	am heißesten
einzig	–	–
wertlos	–	–
kalt	kälter	am kältesten
rund	–	–
rot	röter	am rötesten
einmalig	–	–

Seite 48

16 Lokomotivmodelle sind nicht schwerer zusammenzubauen **als** Schiffs- oder Flugzeugmodelle. Sie sind etwa genauso teuer **wie** die anderen Modelle. Für den Zusammenbau der Dampfloks benötigt man länger **als** für den Bau von E-Loks. Die Dampfloks bestehen nämlich aus viel mehr Teilen **als** alle anderen Zugmodelle. Das Bemalen der fertigen Modelle ist bei den E-Loks deshalb deutlich einfacher als bei den Dampfloks.

Seite 49

17 **Kampf der Lokomotiven**

Der Zusammenbau von Lokomotivmodellen ist genauso interessant und unterhaltsam **wie** • ~~**als**~~ der von anderen Modellbausätzen. Für Lokomotiven, die nach dem Zusammenbau richtig fahren können, benötigt man mehr Zeit und Erfahrung ~~**wie**~~ • **als** für Loks, die später nur in einem Schaukasten stehen sollen. Die Auswahl des passenden Modells muss ebenso gut überlegt sein **wie** • ~~**als**~~ bei den Schiffs- oder Flugzeugmodellen. Fahrbare Lokomotiven müssen zur eigenen Modellbahnanlage passen. Ein Gelände mit größeren Steigungen zum Beispiel erfordert zum Ziehen der Waggons kräftigere Loks ~~**wie**~~ • **als** flaches Gelände. Dampfloks mit mehr als acht Achsen sind auf jeden Fall stärker ~~**wie**~~ • **als** die Modelle mit weniger Achsen. Die Moderne Diesellokomotiven sind allerdings auch nicht schwächer ~~**wie**~~ • **als** die alten Dampflokomotiven. Sie können ebenso viele Waggons ziehen **wie** • ~~**als**~~ die größeren dampfgetriebenen Ungetüme. Wegen des Umweltschutzes haben Elektroloks heute die Diesellokomotiven fast überall abgelöst. Obwohl sie nicht größer sind ~~**wie**~~ • **als** die Dieselloks, können sie meistens mehr Waggons an einer Steigung ziehen ~~**wie**~~ • **als** die Dieselfahrzeuge. Genauso **wie** • ~~**als**~~ in der Wirklichkeit müssen die Lokomotiven auf einer Modellbahnanlage für Steigungsstrecken mehr Kraft aufwenden ~~**wie**~~ • **als** für Fahrten im flachen Gelände. Bei der Planung einer Anlage ist es deswegen wichtiger, auf den Grad der Steigung zu achten ~~**wie**~~ • **als** auf die Länge des Anstiegs.

Seite 50

18 So könnte dein Text zum Vergleich der Bilder lauten:

Die Dampflok ist etwa genauso lang **wie** die Elektrolok. Sie hat genauso viele Räder **wie** die Elektrolok. Außerdem ist sie fast genauso breit **wie** die Elektrolok. Dafür ist die Elektrolok niedriger gebaut und hat mehr Fenster **als** die Dampflok. Die Einstiegsleiter für den Lokführer ist bei der Elektrolok wesentlich kürzer **als** bei der Dampflok.

ABSCHLUSSTEST

Seite 52

1 Sowohl die **winzigen** als auch die **großen** Motorradmodelle in Halle 4 waren **einmalig**. Die **dicken** Reifen auf **blanken** Chromfelgen und die **gewaltigen** Auspuffrohre waren **anziehend** und wurden vom **fachkundigen** Publikum bestaunt. Es war **unvorstellbar**, dass ein Großteil der **feinen** Bauteile **beweglich** war. Selbst die **zierlichen** Spiegel waren in Höhe und Neigung verstellbar. Der Wechsel zwischen **matter** und **glänzender** Farbe auf den Bauteilen war **aufwendig**, aber **gelungen**.

2 Eine schwarz**e** BMW mit silber**nen** Streifen fesselte unsere vollständig**e** Aufmerksamkeit. Beweglich**e** Räder und eine funktionsfähig**e** Lenkung mit richtig**er** Federung gehörten zum umfangreich**en** und kostspielig**en** Bausatz. Die weich**e** Sitzbank und die beheizbar**en** Griffe waren aus echt**em** Leder. Die zierlich**en** Blinker und der groß**e** Scheinwerfer leuchteten, wenn ein versteckt**er** Hebel neben dem beschriftet**en** Nummernschild mit spitz**en** Fingern betätigt wurde. Ein beleuchtet**es** Display im schick**en** Tacho rundete den hochwertig**en** Gesamteindruck ab.

Seite 53

3 **Bei den Flugzeugmodellen**
Die **kleineren** Flugzeugmodelle waren in Halle 2a und die **größeren** in Halle 2b zu sehen. Wer also die **größten** Modelle sehen wollte, konnte diese natürlich nur in der Halle 2b finden. Am **tollsten** war, dass jeder gleich am Eingang den Bausatz für ein **kleineres** Modell geschenkt bekam. **Schöner** konnte es also kaum noch werden. An den meisten Ständen waren fertig zusammengebaute Modelle an **dünnsten** Fäden aufgehängt, damit es so aussah als ob sie wirklich flögen. Für etwas **schwerere** Flugzeuge mussten die Fäden natürlich **dicker** sein. Im Außenbereich vor der Halle zeigten erfahrene Modellbesitzer die **spannendsten** Flugkunststücke. Wer bereits Erfahrung mit der Funksteuerung von Flugmodellen hatte, durfte selber eins der **stabileren** Modelle fliegen.

Seite 54

4

Beispielsatz	richtig	falsch
Der Bahnhof ist noch die lebloseste Gegend auf meiner Anlage.		x
Der Triebwagen ist röter als der Regionalexpress.	x	
Das ist der röteste Zug, den ich besitze.	x	
10 Zentimeter misst der am meisten hohe Mast der Oberleitung.		x
Dieser Tunnel ist dunkelerer als andere.		x
Schwärzer kann es in einem Tunnel einfach nicht sein.	x	
Die winzigste Lokomotive ist so groß wie eine kleine Münze.	x	
Die Gastanks auf dem Waggon sind ründer als die anderen Tanks.		x
Mehrere Züge gleichzeitig zu steuern, ist das einmaligste Erlebnis.		x
Kleine Modelle sind in der Regel teurer als große.	x	
Der Bistrowaggong ist der einzigste Wagen mit Beleuchtung.		x
Er ist auch der teuerste Waggon, den ich besitze.	x	
Nichts ist schöner als die kleine Kapelle auf meiner Anlage.	x	
Am meisten gut funktioniert die elektronische Steuerung.		x
Jens und Lena sind immer am stümmsten, wenn sie mit ihrer Eisenbahn beschäftigt sind.		x

Seite 55

5 Mir macht das Gestalten der Landschaft auf meiner Modellbahnanlage mehr Spaß **als** das Verlegen neuer Gleise. Für mich ist der Gesamteindruck der Anlage spannender **als** der reibungslose Fahrbetrieb. Genauso wichtig **wie** die genaue Planung ist dabei ein sehr sorgfältiges Arbeiten. Unsauber zusammengeklebte Häuser fallen schließlich mehr auf **als** alles andere. Gute Ideen zur Aufstellung der fertigen Bauwerke sind natürlich nicht weniger wichtig **als** die saubere Verarbeitung. Aus der Entfernung betrachtet soll später alles **wie** echt wirken. Dazu trägt die Ausgestaltung mit kleinen Figuren und Fahrzeugen viel bei. Belebte Straßen und Plätze wirken einfach besser **als** leere Häuserzeilen. Ein Marktplatz auf der Modellbahnanlage muss für mich aussehen wie ein Standbild aus einem Film, der auf einem Markt spielt. Unterschiedliche Gruppen sehen immer schöner aus **als** eine Ansammlung gleicher Figuren. Die Anzahl der Figuren und Marktstände ist dabei mindestens so wirkungsvoll **wie** die richtige Anordnung. Lieber ein paar Figuren und Buden weniger **als** am Ende zu viele. Mit etwas Beleuchtung wirken die kleinen Szenen gleich viel lebendiger **als** ohne künstliches Licht.

KAPITEL 4: VERBEN

Seite 56

1 Die Zirkusvorstellung **beginnt** gleich. Ein Clown im Frack und der Kassierer **zeigen** den letzten Gästen ihre Plätze. Ein Vater und seine kleine Tochter **laufen** nervös durch die Sitzreihen, weil sie ihre Sitzplätze nicht **finden**. Der Clown und ein Zuschauer **helfen** ihnen, denn die Kapelle über dem Manegeneingang **spielt** schon. Hinter dem Vorhang warten die Artisten darauf, dass im Saal die Lichter **ausgehen**. Ich **liebe** diese Spannung zu Beginn einer Vorstellung ganz besonders.

Seite 57

2
a) Ich **sitze** gespannt am Rand der Manege.
b) Von meinem Platz aus **sehe** ich alles besonders gut.
c) Der Beginn der Vorstellung **verzögert** sich, weil viele Gäste zu spät kommen.
d) Du **hoffst** auch, dass es bald losgeht.
e) Wenn ihr kräftig **klatscht**, dauert es vielleicht nicht so lange.
f) Endlich **öffnet** sich der Vorhang.
g) Mit strahlendem Gesicht **begrüßt** der Zirkusdirektor das Publikum.
h) Unter kräftigem Beifall **marschieren** die Artisten ein.
i) Der Kapellmeister **beobachtet** den Einzug der Artisten von der Empore.
j) Zur Begrüßung **erhebt** sich das gesamte Publikum von seinen Plätzen.

Seite 58

3 **Begrüßungsworte des Zirkusdirektors**

„Guten Abend und herzlich willkommen, liebes Publikum!
Wir **zeigen** heute einen bunten Strauß voller Sensationen. Ihr **seht** gleich Tiere und Menschen in Aktion. Der Zauberer Merlin **führt** euch ins Reich der Feen und Wunder. Der fliegende Roland und unsere Hochseilartisten **lehren** euch das Fürchten mit ihren waghalsigen Darbietungen. Später **seht** ihr riesige Elefanten, die auf das Kommando unserer kleinen Maja hören. Große und kleine Pferde **führen** in der Manege gemeinsam Kunststücke vor. Sahin, der Fakir aus dem Morgenland, **treibt** den Nervenkitzel schließlich auf die Spitze. Das Liegen auf dem Nagelbrett, Feuerschlucken und Feuerspucken **gehören** zu seinen äußerst gefährlichen Darbietungen. Ernie und Bert, unsere beiden beliebten Clowns, **treiben** in den Pausen immer wieder ihre Späße mit euch. Wir **wünschen** euch allen einen unterhaltsamen Abend."

Seite 61

4 Der große Clown **befahl** dem kleinen Clown in eine Kanone zu klettern, um ein Geschenk herauszuholen. Es gab einen lauten Knall und der kleine Clown **flog** in hohem Bogen durch die Luft.

5

Unregelmäßige Verben/Starke Verben			
Grundform	Präsens (1. Person Singular)	Präteritum (1. Person Singular)	Partizip II
singen	ich singe	ich sang	gesungen
springen	ich springe	ich sprang	gesprungen
fließen	ich fließe	ich floss	geflossen
essen	ich esse	ich aß	gegessen
rufen	ich rufe	ich rief	gerufen
stehlen	ich stehle	ich stahl	gestohlen
befehlen	ich befehle	ich befahl	befohlen
lügen	ich lüge	ich log	gelogen
fahren	ich fahre	ich fuhr	gefahren

Seite 62

6 **Auf dem Rücken der Pferde**

Als nächstes **erschienen** drei junge Männer mit Pferden in der Manege. Die als Cowboys verkleideten Männer **ritten** nicht auf den Pferden, sondern sie **standen** auf ihren Rücken. Sie **warfen** die Cowboyhüte hoch in die Luft, drehten sich im vollen Galopp auf dem Rücken ihres Pferde stehend um und **fingen** ihre Hüte wieder auf. Die drei Cowboys **boten** ein wahres Feuerwerk von Kunststücken. Während die Pferde ohne Unterbrechung liefen, **sprangen** sie schnell ab und wieder auf. Dabei **wechselten** sie ständig die Pferde, bis jeder schließlich einmal auf allen Pferden **gesessen** hatte. Manchmal **standen** sie sogar alle auf dem Rücken eines Pferdes. Später zeigte ein Cowboy sogar Saltos auf dem schmalen Pferderücken. Dazu war er auf das größte der Pferde **gestiegen**, da es am ruhigsten von allen lief. Es **ging** alles gut und sämtliche Kunststücke **verliefen** ohne einen einzigen Fehler. Als sie die Manege **verließen**, **saßen** die Artisten hintereinander auf dem größten Pferd und **winkten** mit ihren Cowboyhüten.

Seite 63

7 Zirkusveranstaltungen **gab** es schon, bevor man das Zirkuszelt erfand. Schon die alten Römer **trafen** sich zur Unterhaltung in Gebäuden, die sie speziell zu diesem Zweck **gebaut hatten**. Heute **finden** solche Veranstaltungen im Freien oder in Zelten statt. Der Vorteil dieser Zelte **ist**, dass man sie an verschiedenen Orten aufbauen **kann**.

Seite 64

8 **Alles im Gleichgewicht**

Der Vorhang ging auf und vier Mädchen in bunten Kostümen schwebten herein. Jedes Mädchen trug einen hübschen Schirm. Mit kleinen Schritten liefen die Mädchen barfuß auf großen Kugeln aus glänzendem Metall. Durch winzige Verlagerungen des Gewichts steuerten sie ihre Kugeln in die Mitte der Manege. Jedes Mädchen zeigte auf seiner Kugel ein besonderes Kunststück. Das erste jonglierte mit farbigen Tüchern. Das zweite kletterte durch einen Reifen. Das dritte sprang mit einem Seil und das vierte lief auf der Kugel sogar über eine kleine Wippe am Boden.

Seite 65

9

Hilfsverben: Konjugation im Präteritum			
Numerus	Person	haben	sein
Singular	1.	ich hatte	ich war
	2.	du hattest	du warst
	3.	er, sie, es hatte	er, sie, es war
Plural	1.	wir hatten	wir waren
	2.	ihr hattet	ihr wart
	3.	sie hatten	sie waren

Seite 66

10 Hallo Leute,
ihr werdet es nicht glauben, aber gestern **bin** ich zum ersten Mal in der neuen Zirkus-AG gewesen. Es war einfach super! Alle **haben** sich total nett verhalten, obwohl die meisten mich vorher noch nie gesehen **hatten**. Ich bin mir schon jetzt ziemlich sicher, dass der Wechsel in die Zirkus-AG die richtige Entscheidung gewesen **ist**. Der Lehrer, der die AG betreut **hat**, war einfach Spitze. Ich durfte vieles ausprobieren, bis ich das Passende für den Anfang gefunden **hatte**. Nach dem ersten Training **habe** ich mich für die Akrobatik entschieden. Ihr **habt** bestimmt schon einmal gesehen, wie aus menschlichen Körpern verschiedene Figuren gebaut werden. Ich **bin** sehr gespannt, wie es weitergeht.

11

Infinitiv	Person • Numerus	Perfekt	Plusquamperfekt
tanzen	1. Person • Singular	ich habe getanzt	ich hatte getanzt
rennen	2. Person • Singular	du bist gerannt	du warst gerannt
wählen	2. Person • Plural	ihr habt gewählt	ihr hattet gewählt
fallen	1. Person • Plural	wir sind gefallen	wir waren gefallen
glauben	3. Person • Singular	er, sie, es hat geglaubt	er, sie, es hatte geglaubt

Seite 67

12 a) Sarah liegt noch im Krankenhaus, weil sie sich beim Sturz von der Kugel das Bein **gebrochen hat**.
b) In den ersten Tagen nach dem Sturz **schmerzte** das Bein sehr.
c) Seit zwei Wochen **ist** sie nicht mehr in die Schule **gegangen**.
d) Sie denkt nicht gerne darüber nach, warum sie damals auf der Kugel das Gleichgewicht **verlor**.
e) Da der Bruch schneller als angenommen **verheilt ist**, darf Sarah schon heute das Krankhaus verlassen.
f) Den ersten Gips, den man ihr im Krankenhaus anlegt hatte, **hat sie zur Erinnerung behalten**.
g) Während ihres Krankenhausaufenthalts **besuchten** viele Freunde Sarah.

Seite 68

13 *Düsseldorf, 26. September 2021* Seit dem Wochenende werden zwei Ponys des Zirkus vermisst. Man hatte die Tiere nach der letzten Vorstellung am Sonntag auf die eingezäunte Wiese gebracht. Erst am nächsten Morgen entdeckten die Tierpfleger das Verschwinden. Als sie gegen Mitternacht ihren Kontrollgang gemacht hatten, waren die Tiere noch da. Der Verdacht fällt auf einige Zuschauer, die sich direkt nach der Vorstellung noch am Zaun aufgehalten hatten. Ein Zuschauer scheint besonders verdächtig, weil er längere Zeit in der Nähe der jetzt vermissten Ponys gestanden hatte. Bei der Vernehmung durch die Polizei fiel den Tierpflegern ein, dass der Mann schon verschwunden war, als sie selbst die Beleuchtung auf der Wiese gelöscht hatten. Einer der Tierpfleger ist sich sicher, dass dieser Mann die Tiere fotografiert hatte. Die Polizei sucht nun Zeugen, die nach der Spätvorstellung etwas beobachtet haben, das zur Klärung des Diebstahls beitragen kann.

Seite 69

14 **Praktikum im Zirkus**

a) Wenn ich meinen Schulabschluss habe, **werde** ich mir einen Traum erfüllen.

b) Wie bereits mit dem Zirkusdirektor besprochen, **werde** ich für ein paar Wochen als Aushilfe in seinem Zirkus arbeiten.

c) Der Zirkus **wird** genau zu dieser Zeit in unserer Stadt Station machen, sodass ich keine weiten Anfahrtswege haben **werde**.

d) Man **wird** mich vor allem zur Tierpflege einsetzen.

e) Übermorgen **werde** ich beim Zirkus noch einmal nachfragen, ob mit meinem Praktikum alles in Ordnung geht.

Seite 70

15 Satz a und e

16 a) Plusquamperfekt b) Futur I c) Perfekt
d) Präsens e) Präteritum

Seite 71

17 Als Neuzugang in der Zirkus-AG wurde mir viel **geholfen**. Gleich am ersten Tag **wurde ich gefragt/bin ich gefragt worden**, was ich am liebsten machen möchte. Vom Lehrer **wurde** mir **gesagt**, dass ich zunächst einmal das Jonglieren mit den Bällen üben sollte. Es **wurde** mir versprochen, dass mir später von den anderen **gezeigt wird**, wie man das mit Keulen macht.

Seite 72

18 **Neuwahlen**

Im nächsten Monat **wirst** du wieder gefragt werden, welche Arbeitsgemeinschaft du im kommenden Schuljahr wählen willst. Im letzten Jahr **wurden** eure Wünsche erst nach den Sommerferien erfragt. Erst zwei Wochen nach Beginn des neuen Schuljahres **wurdet** ihr den neuen Arbeitsgemeinschaften zugewiesen. Damit diesmal besser und schneller geplant werden kann, **wird** diese Umfrage jetzt schon viel früher durchgeführt. In den kommenden Tagen **werdet** ihr alle umfangreiches Informationsmaterial zu allen Arbeitsgemeinschaften erhalten. In der letzten Woche vor den Sommerferien **werden** die Wahlzettel eingesammelt. Neue Mitglieder **werden** in diesem Jahr vor allem von unserer Zirkus-AG gesucht. In der nächsten Zeit **werdet** ihr deswegen bestimmt noch direkt angesprochen.

Seite 73

19 **Gemeinsam sind wir stark**

Dir wird in der Zirkus-AG bei allem geholfen, was du tun möchtest. Dir werden alle Fragen von unserem Team beantwortet. Dir wird gezeigt, wie man auf dem Einrad fährt oder als Fakir Feuer spuckt. Dir wird langsam vorgemacht, was du lernen willst. Bevor du dich für etwas entscheidest, wirst du vom Lehrer beraten werden. Du wirst von allen trainiert werden, bis du ein Könner bist. Auf unsere Erfahrung kannst du bauen: Viele sind beim Einstieg in die Zirkus-AG von uns schon gut unterstützt worden.

Seite 74

20
a) Sabrina wird beim Balancieren auf der Kugel von Jana unterstützt.
b) Sabrina wurde von Melanie beim Besteigen der wackeligen Kugel geholfen.
c) Kira war von Ina geholfen worden, als sie zum ersten Mal auf die Kugel stieg.
d) Sabrina ist von Jakob das Jonglieren mit Tüchern gezeigt worden.
e) Sabrina wird vom Lehrer bald das Jonglieren mit Bällen gezeigt werden.

Seite 75

21 **Diebstahl im Zirkusraum**

Satz 1: a • b	Satz 2: a • b	Satz 3: c	Satz 4: c
Satz 5: d	Satz 6: d	Satz 7: a	Satz 8: a

Seite 76

22 **Das Brandenburger Tor**

In der Akrobatik **werden** mit dem Körper Figuren **nachgebaut**. Diese Figuren nennt man Pyramiden, da Köper **aufeinandergeschichtet werden**. Als Vorlage für eine solche Pyramide **wird** häufig ein bekanntes Bauwerk **gewählt**. Die Pyramide auf dem Bild **wird** nach der Vorlage des Brandenburger Tors in Berlin **gebaut**. Bei Akrobaten ist sie beliebt, weil zum Erstellen nur sieben Personen **benötigt werden**. Die waagerecht liegenden Personen **werden** im gestreckten Zustand **hochgehoben**.

ABSCHLUSSTEST

Seite 78

1 **Doppelte Zauberei**

Zu Beginn der Zaubernummer ~~**rollt**~~ • **rollen** Helfer einen Teppich in der Manege aus und ~~**schiebt**~~ • **schieben** eine Kiste herein. In der Kiste ~~**liegt**~~ • **liegen** die Gegenstände, die Roy und Robin ~~**benötigt**~~ • **benötigen**. Dann ~~**kommt**~~ • **kommen** die Zauberer und ~~**begrüßt**~~ • **begrüßen** das Publikum. Weiße Tauben ~~**fliegt**~~ • **fliegen** aus ihren schwarzen Hüten. Roy **holt** • ~~**holen**~~ ein buntes Tuch aus der Kiste und **lässt** • ~~**lassen**~~ daraus weitere Tauben aufsteigen, während Robin viele weiße Kaninchen aus einer winzigen Röhre **hervorzaubert** • ~~**hervorzaubern**~~. Jeweils eine Taube **landet** • ~~**landen**~~ schließlich auf Roys und Robins Kopf, während die beiden Zauberer inmitten der Kaninchen ~~**steht**~~ • **stehen**. Während die Zuschauer noch Beifall ~~**klatscht**~~ • **klatschen**, ~~**wächst**~~ • **wachsen** langsam eine Sonnenblume und eine Rose aus den Hüten, die jetzt auf dem Teppich ~~**steht**~~ • **stehen**. Sowohl die Erwachsenen als auch die Kinder ~~**merkt**~~ • **merken** schnell, dass jede Blume umso schneller **wächst** • ~~**wachsen**~~, je lauter der Beifall **ist** • ~~**sind**~~. Die Blumen ~~**ist**~~ • **sind** schnell fast zwei Meter hoch, da die Zuschauer nicht am Beifall ~~**spart**~~ • **sparen**. Mit großen Augen und offenem Mund **bestaunt** • ~~**bestaunen**~~ jeder, was es heute zu sehen **gegeben hat** • ~~**gegeben haben**~~.

Seite 79

2 **Ballbeherrschung**
Der Jongleur **hielt** gerade sechs Bälle gleichzeitig in der Luft, als ein begeisterter Zuschauer ihn mit Blitz **fotografierte**. Weil der Jongleur dadurch geblendet wurde, **verlor** er die Kontrolle über die Bälle und einer **fiel** auf den Boden. Geschickt **überspielte** der Jongleur diese Panne, indem er so **tat** als ob das Absicht gewesen wäre. Mit dem Fuß **brachte** er den Ball, der etwas zur Seite gerollt war, wieder in Position. Während des Jonglierens mit den restlichen fünf Bällen **ging** er in die Hocke. Blitzschnell **griff** er den Ball, der heruntergefalllen war. Die Zuschauer **tobten** vor Begeisterung, als er ohne Pause das Jonglieren **fortsetzte**.

Seite 80

3 weiß ich ziemlich genau (**Präsens**), was ich später einmal werden will. Bevor ich mich entschieden habe (**Perfekt**), Tierärztin zu werden, hatte ich immer davon geträumt (**Plusquamperfekt**), einmal in einem richtigen Zirkus zu arbeiten. Jedes Kind hat irgendwann einmal diesen Traum (**Präsens**), wenn es öfter im Zirkus war.
Mit 10 Jahren stellte ich mir vor (**Präteritum**), dass ich später einmal Clown werde.
Etwas später nahm ich mir vor (**Präteritum**), Hochseilartistin zu werden.
Weil ich meine Ferien häufiger auf dem Bauernhof meines Onkels verbracht hatte (**Plusquamperfekt**), entschied ich mich mit 16 Jahren doch, lieber Tierärztin als Hochseilartistin zu werden. Das Studium wird zwar nicht leicht werden (**Futur I**), aber ich freue mich schon jetzt darauf (**Präsens**). Obwohl ich mich mit 16 schon anders entschieden hatte (**Plusquamperfekt**), ist mein großes Interesse für den Zirkus immer geblieben (**Perfekt**).

Seite 81

4

Zeitform	Aktiv	Passiv
Präsens	du hilfst	dir wird geholfen
Präsens	ihr helft	euch wird geholfen
Präteritum	sie verzauberte	sie wurde verzaubert
Perfekt	ich habe verzaubert	ich bin verzaubert worden
Perfekt	du hast gestützt	du bist gestützt worden
Futur I	sie werden tragen	sie werden getragen werden
Plusquamperfekt	ich hatte gefragt	ich war gefragt worden
Präteritum	er schob	er wurde geschoben
Präsens	ihr schiebt	ihr werdet geschoben
Plusquamperfekt	sie hatten trainiert	sie waren trainiert worden
Futur I	ich werde heben	ich werde gehoben werden

KAPITEL 5: SATZGLIEDER

Seite 82

1 a) Der flinke Marvin | springt | über die hohen Hürden.
b) Marina und Katrin | trainieren | begeistert | für die 4×50-Meter-Staffel.
c) Beim Hochsprung | zeigt | der kleine Lars | sein ganzes Können.
d) Das begeisterte Publikum | spendet | den Sportlern | viel Beifall.
e) Während des Hürdenlaufs | kommt | es | zu einem Sturz.
f) Zwei Sanitäter | laufen | mit einer Bahre | quer | über den Rasenplatz.

Seite 83

2 Die sportliche Nina wirft den langen Speer sehr weit.
Den langen Speer wirft die sportliche Nina sehr weit.
Sehr weit wirft den langen Speer die sportliche Nina.
Sehr weit wirft die sportliche Nina den langen Speer.
Wirft die sportliche Nina den langen Speer sehr weit?
Wirft den langen Speer die sportliche Nina sehr weit?
Wirft sehr weit den langen Speer die sportliche Nina?

3 Die sportliche Nina | wirft | den langen Speer | sehr weit.

Seite 84

4 **Testlauf**
Nina, Lara und Sarah stehen bereits am Start zum 50-Meter-Lauf. Sie gehören im Verein zur 50-Meter-Staffel. Im Einzelwettbewerb laufen die Mädchen allerdings gegeneinander. Die Siegerin des Laufes startet später in der Staffel als Schlussläuferin. Die Eltern und das übrige Publikum erwarten einen spannenden Wettkampf. Anfangs laufen alle drei Mädchen noch dicht nebeneinander. Mit sehr knappem Vorsprung überquert Lara die Ziellinie.

Seite 85

5 So könnten deine Sätze lauten:
a) Die ersten 20 Meter haben die Läuferinnen gleich schnell zurückgelegt.
b) Die Entscheidung wird im Wettkampf auf den letzten Metern fallen.
c) Alle Läuferinnen haben im Zieleinlauf verbissen gekämpft.
d) Das Zielfoto muss am Ende über den Sieg entscheiden.
e) Im gut besuchten Stadion ist das Publikum vor Begeisterung aufgesprungen.
f) Auf jeden Fall wird der Trainer mit der Leistung seiner Mädchen zufrieden sein.

Seite 86

6 **Hoch hinaus**
Die Stabhochspringer benötigen besonders viel Anlauf. Sorgfältig wählen sie vor dem Sprung die Absprungstelle aus. Ebenso wichtig ist für sie die Entscheidung für den richtigen Stab. Beim Wettkampf kann man diesen Vorgang gut beobachten. Etwas Aberglaube bestimmt die Entscheidung natürlich auch. Am Ende kommt es schließlich in erster Linie auf die richtige Technik an. Ich kann es immer kaum fassen, wie hoch man mit einem Stab springen kann. Die Landung auf der dicken Weichbodenmatte stelle ich mir einfach toll vor.

Seite 87

7 Gesicherte Landung

Der Weitsprungwettbewerb findet bei den Zuschauern (Dat. • ~~Akk.~~) immer großen Anklang (~~Dat.~~ • Akk.). Schnell wird man an die eigenen Versuche (~~Dat.~~ • Akk.) während der Schulzeit erinnert. Anders als in der Schule müssen die Wettkämpfer den Anweisungen (Dat. • ~~Akk.~~) der Kampfrichter strikt folgen. Gleich mehre Kampfrichter kontrollieren den ordnungsgemäßen Ablauf (~~Dat.~~ • Akk.) des Wettkampfs. Der Hauptkampfrichter gibt dem Springer (Dat. • ~~Akk.~~) ein Zeichen, wenn er springen darf. Trifft der Springer den Absprungbalken (~~Dat.~~ • Akk.) nicht richtig, hält der Absprungrichter eine rote Fahne (~~Dat.~~ • Akk.) hoch. Die Weite wird von zwei weiteren Kampfrichtern (Dat. • ~~Akk.~~) gemessen. Der Sand wird für den nächsten Sprung (~~Dat.~~ • Akk.) von einem weiteren Kampfrichter (Dat. • ~~Akk.~~) geglättet. Jeder Springer findet also dieselben Bedingungen (~~Dat.~~ • Akk.) vor.

Seite 88

8

1. zeigen	Dativ	7. finden	Akkusativ
2. kennen	Akkusativ	8. schenken	Dativ
3. vertrauen	Dativ	9. lieben	Akkusativ
4. helfen	Dativ	10. nehmen	Akkusativ
5. schreiben	Akkusativ	11. singen	Akkusativ
6. verbrennen	Akkusativ	12. bauen	Akkusativ

2. Ich kenne diese Sportart.
3. Der Sportler vertraut den Kampfrichtern.
4. Die Wettkämpfer helfen dem gestürzten Kollegen.
5. Eine Reporterin schreibt einen spannenden Bericht.
6. Die glühende Sonne verbrennt den Blumenschmuck im Stadion.
7. Er findet immer den richtigen Anlauf.
8. Seiner Verletzung schenkt er keine Beachtung.
9. Sportler lieben den Wettkampf.
10. Sie nimmt die Niederlage nicht schwer.
11. Zu Beginn des Wettkampfs singen sie die Nationalhymne.
12. Die Helfer bauen eine Weitsprunganlage.

Seite 89

9 Die Leichtathleten müssen mehrere Sportarten beherrschen.
Fast jeden Tag trainieren sie für den Erfolg.
Die gesamte Freizeit wird dem Sport geopfert.
Zur Unterhaltung hören sie manchmal ihre Lieblingsmusik beim Lauftraining.

Seite 90

10

a) Sie berichtet den Eltern (**Dativ**) am Telefon vom letzten Wettkampf.
Wem berichtet sie?

b) Sie glaubt den Vorhersagen (**Dativ**) des Trainers. **Wem glaubt sie?**

c) Fast alle Läufer glauben an den Sieg (**Akkusativ**) im letzten Rennen.
An was glauben alle Läufer?

d) Zur schnelleren Orientierung fragt er die Ordner. (**Akkusativ**) **Wen fragt er?**

e) Er fragt nach dem Weg (**Dativ**) in die Umkleidekabine.
Nach was fragt er?

11 a) Erfolgreiche Sportler trainieren regelmäßig.
Subjekt | Prädikat | adv. Bestimmung (Zeit)

b) Die meisten bereiten sich mit Geduld auf die Wettkämpfe vor.
Subjekt | Prädikat (1) | adv. Best. (Art+Weise) | Objekt | Prädikat (2)

c) Sportler verbringen nachmittags viel Zeit auf dem Sportplatz.
Subjekt | Prädikat | adv. Bestimmungen (Zeit, Zeit, Ort)

Seite 92

12 Lauftraining im Wald

Gestern Nachmittag haben wir im Verein ein leichtes Lauftraining durchgeführt. Unser Trainer hatte zur Abwechslung einen Waldlauf vorgeschlagen. Alle stimmten diesem Vorschlag sofort mit großer Begeisterung zu. Wir sind ganz langsam zum alten Forsthaus gelaufen. Im Garten des Forsthauses haben wir 10 Minuten Pause gemacht. Das Laufen auf dem weichen Waldboden gefällt mir sehr gut.
Wegen meiner Knieprobleme laufe ich nicht gerne auf hartem Untergrund.
Kurz vor Sonnenuntergang trafen wir wieder im Stadion ein. Nächstes Mal wollen wir bis zur alten Mühle laufen.

13 Sportfest mit Blitz und Donner

Im letzten Sommer (**Zeit**) haben wir auf unserem Vereinsplatz (**Ort**) mit großem Erfolg (**Art und Weise**) ein Sportfest durchgeführt. Alle Vereinsmitglieder haben etwas zur Unterhaltung (**Zweck**) beigetragen. Großzügig (**Art und Weise**) haben die Gäste für die Verpflegung gesorgt. Überall (**Ort**) herrschte eine gute Stimmung. Wegen des schlechten Wetters (**Grund**) mussten einige Wettkämpfe und Attraktionen überraschend (**Art und Weise**) abgesagt werden.
Völlig unerwartet (**Art und Weise**) waren gegen Nachmittag (**Zeit**) dunkle Wolken schnell (**Art und Weise**) aufgezogen. Wenig später (**Zeit**) blitzte es heftig (**Art und Weise**).
Kurz darauf (**Zeit**) begann es zu schütten.
Zum Schutz vor dem Unwetter (**Zweck**) flüchteten alle ins Vereinsheim.
Alle haben die Situation geduldig und humorvoll (**Art und Weise**) bewältigt.
Nach dem Gewitter (**Zeit**) wurde der Sportplatz gemeinsam (**Art und Weise**) aufgeräumt.
Schon bald (**Zeit**) konnte die Feier fortgesetzt werden.
Das Unwetter war abends (**Zeit**) auf dem Heimweg (**Ort**) schnell (**Art und Weise**) vergessen.

Seite 93

14 b) Die Laufbahn und die Sprunggruben konnten wegen großer Pfützen nicht mehr benutzt werden. • Wegen großer Pfützen konnten die Laufbahn und die Sprunggruben nicht mehr benutzt werden • ...
c) Wir holten Werkzeug zum Säubern der Anlage. • Zum Säubern der Anlage holten wir Werkzeug.
d) Mit viel Geduld sammelten wir alle Blätter und Äste in den Sprunggruben ein. • Wir sammelten in den Sprunggruben mit viel Geduld alle Blätter und Äste ein. • ...
e) Grill und Würstchen hatte man in letzer Minute vor einem Regenguss gerettet. • In letzter Minute hatte man Grill und Würstchen vor einem Regenguss gerettet. • ...
f) Abends wurden die Helfer im Vereinsheim vom Platzwart gelobt. • Die Helfer wurden vom Platzwart abends im Vereinsheim gelobt • Im Vereinsheim wurden die Helfer abends vom Platzwart gelobt.

ABSCHLUSSTEST

Seite 96

1
1. Sven und Lars hoffen auf eine Medaille.
2. Der etwas ältere Lars nimmt am Wettkampf im Stabhochsprung teil.
3. Für den Weitsprung ist der jüngere Sven angemeldet.
4. Lars macht Sven Hoffnung auf einen Sieg.
5. Der Trainer hilft beiden Jungen bei der Vorbereitung.
6. Von der Trainingsqualität hängt der Erfolg ab.
7. Lars Eltern werden zum Wettkampf kommen.
8. Svens Eltern haben ein paar Tage Urlaub genommen.
9. Sie erwarten einen guten Wettkampf.
10. Über die wichtigsten Ereignisse werden die Lokalzeitungen berichten.
11. Die Medien versprechen den beiden jungen Sportlern eine sehr erfolgreiche Zukunft.
12. Wir wünschen ihnen viel Glück.

Seite 97

2 **Unwetter unterbricht Sportfest**
am Samstagnachmittag (Zeit), völlig überraschend (Art und Weise), am Samstag (Zeit), in bester Stimmung (Art und Weise), auf dem Vereinsplatz von Grün-Weiß (Ort), vormittags (Zeit), unter großem Beifall (Art und Weise), recht unerwartet (Art und Weise), etwas später (Zeit), wegen plötzlich einsetzenden Starkregens (Grund), am Nachmittag (Zeit), geduldig (Art und Weise), im Vereinsheim (Ort), wegen des völlig aufgeweichten Bodens (Grund), nach dem Gewitter (Zeit), auf dem Platz (Ort), ohne Einschränkungen (Art und Weise), trotz der wetterbedingten Störungen (Grund), positiv (Art und Weise),

KAPITEL 6: SATZARTEN

Seite 99

1 Liebe Mavie,
nächste Woche finden bei uns die Turnmeisterschaften statt. Ich werde auf jeden Fall am Wochenende hingehen. Bist du schon einmal bei einem Turnfest gewesen? Du solltest diese Gelegenheit nicht verpassen. Hast du Zeit und Lust, mich zu begleiten? Oder musst du dich auf eine Arbeit vorbereiten? Eine Eintrittskarte könnte ich für dich auf alle Fälle noch besorgen. Komm doch bitte mit! Eine Pause tut auch dir mal gut! / .
Gib mir schnell Bescheid, ob es bei dir klappt.
Liebe Grüße von Sven

Seite 100

2 Das letzte Training für den Schwimmwettkampf ist ausnahmsweise in das Hallenbad verlegt worden, weil es draußen regnet und kalt ist.
Da während unserer Trainingszeit im Hallenbad noch öffentlicher Badebetrieb stattfindet, müssen wir beim Training im Hallenbad mit zwei Bahnen auskommen.
Damit wir für den Staffel-Wettbewerb richtig trainieren können, benötigen wir eigentlich mindestens vier Bahnen.
Im letzten Herbst, als das Wetter genauso schlecht war, wurde unsere Wettkampfvorbereitung dadurch ziemlich gestört.
Wenn das Wetter weiter so schlecht bleibt, werden die Wettkämpfe wahrscheinlich auch in der Halle stattfinden.

Seite 101

3 Die Schwimmwettkämpfe müssen in diesem Jahr in der Halle ausgetragen werden, da die Wettervorhersagen ungünstig sind. In der nächsten Woche soll es immer wieder kräftig regnen. Außerdem soll es für diese Jahreszeit bereits recht kühl werden. Die Vorsichtsmaßnahme ist notwendig, damit Verletzungen bei den Sportlern vermieden werden. Im Hallenbad wird es für die Zuschauer allerdings etwas eng werden. Wenn es das Wetter doch noch erlauben sollte, werden bestimmte Veranstaltungen nach draußen verlegt. Vor allem den Turmspringern wäre das lieber. Der Sprungturm im Hallenbad ist in keinem besonders guten Zustand. Außerdem spiegelt sich das Licht, wenn es durch die großen Scheiben des Hallenbades fällt, auf der Wasseroberfläche. Die Springer können deshalb nicht so gut sehen, wann sie in das Wasser eintauchen. Den Schwimmern gefällt allerdings die Stimmung im Hallenbad immer gut. Sie mögen es, wenn das Publikum sie lautstark anfeuert. In der Halle sind Anfeuerungsrufe und Beifall viel deutlicher zu hören.

Seite 102

4 a) Die Wettkämpfe im Turnen sind immer besonders gut besucht, weil man sensationelle Übungen geboten bekommt.
b) Die Halle ist stets ausverkauft, wenn die jungen Turnerinnen ihre Bodenkür präsentieren.
c) Dem Publikum stockt der Atem, weil • wenn die Männer gewagte Übungen am Reck und den Ringen zeigen.

Seite 103

5 **Begeisterung pur**
Weil ich selbst eine begeisterte Turnerin bin, bewundere ich das Können der anderen. Kurz vor Ende der Veranstaltung gehe ich meistens schon zum Seitenausgang der Halle, da ich seit langem Autogramme von bekannten Sportlern sammle. Wer zu spät kommt, hat keine Chance, da alle Sportler nach einem anstrengenden Tag schnell nach Hause wollen. Wenn nach der Siegerehrung alle Zuschauer aus der Halle kommen, gibt es immer ein großes Gedränge. Ich kaufe jedes Mal die Programmhefte, damit die Sportler direkt unter ihrem Bild unterschreiben können.

Seite 104/105

6 a) Die Turnerinnen benötigen völlige Ruhe in der Halle, wenn sie auf dem Schwebebalken turnen.
b) Weil die Verletzungsgefahr groß ist, ist beim Turnen auf dem Schwebebalken absolute Konzentration erforderlich.
c) Das Publikum darf erst klatschen, nachdem die ganze Übung abgeschlossen ist.
d) Eine Weichbodenmatte liegt bereit, damit die Landung am Ende der Kür sicher ist.
e) Der Trainer steht zur Sicherung bereit, wo die Turnerin landet.
f) Die Turnerin kommt bei der Landung ohne Hilfestellung aus, indem sie die Arme ausbreitet.

Seite 106

7 a) Nina wird in ihrer Mannschaft als faire Sportlerin geschätzt, **weil** sie immer hilfsbereit ist.
b) Sie tut sich besonders hervor, **indem • wenn • weil** sie in ihrer Mannschaft für Ruhe sorgt.
c) **Bevor** andere etwas gemerkt haben, ist sie schon zur Stelle.
d) Sofort geht sie dahin, **wo** ein Streit entstehen könnte.
e) **Während** andere erst einmal überlegen, hat Nina schon längst gehandelt.
f) Sie sucht ständig das Gespräch mit den Gegenspielerinnen, **damit** eine entspannte Atmosphäre herrscht.
g) Bereits bestehende Konflikte versucht sie zu lösen, **indem** sie darüber spricht.
h) Alle möchten Nina gerne in ihrer Mannschaft haben, **da • weil** sie so beruhigend auf die Spielgestaltung wirkt.

i) Beim letzten Spiel, **als** Nina krank war, hat man das sofort an der Stimmung der Mannschaft gemerkt.
j) **Damit** die anderen ihrem Beispiel folgen, ist Nina öffentlich vom Trainer gelobt worden.
k) **Nachdem** Nina diese Auszeichnung erhalten hatte, versuchten ihre Mitspielerinnen, auch fairer zu sein.

Seite 107

8 **Über den Rücken des Pferdes**
Die Turner, **die** über das Pferd springen wollen, benötigen sehr viel Anlauf. Den Anlauf, **den** sie brauchen, legen sie bereits im Training genau fest. Häufig kennzeichnen sie die Startposition mit einem Maskottchen, **das** sie neben die Laufbahn legen. Es soll dem Springer, **dem** es gehört, Glück bringen.

Seite 108

9 Alle Springer, die am Wettkampf teilnehmen, sind etwas abergläubisch. Keiner würde das Maskottchen, das einem anderen gehört, anfassen oder gar verschieben. Vor jedem Sprung kontrollieren die Trainer, die ihre Schützlinge betreuen, die richtige Position des Absprungbrettes. Ein Absprungbrett, das falsch liegt, führt zu großen Problemen beim Sprung. Der richtige Absprung ist entscheidend für die Qualität der Flugphase, die der Springer erreicht. Das Kampfgericht, das den Sprung bewertet, beurteilt vor allem auch die einwandfreie Landung. Ein Springer, der bei der Landung wackelt, erhält deutliche Punktabzüge.

10 Die Anzeigetafel zeigt dem Sportler, **der** gerade gesprungen ist, welche Punktzahl er insgesamt erhalten hat. Nach dem dritten Versuch werden alle Ergebnisse, **die** ein Springer erreicht hat, zusammengezählt. Die Tafel zeigt den Springern, **die** noch einen letzten Sprung haben, welche Punktzahl sie noch benötigen, um zu den Siegern zu gehören. Am Ende des Wettkampfs blinken die Namen derjenigen, **die** die ersten drei Plätze belegt haben. Denen, **die** gewonnen haben, sieht man an, wie glücklich sie darüber sind. Diejenigen, **die** nicht zu den Siegern gehören, werden meistens sofort von ihren Trainern getröstet.

ABSCHLUSSTEST

Seite 110

11 a) Fairness ist im Sport ist sehr wichtig, damit Verletzungen im sportlichen Wettkampf vermieden werden. (**Finalsatz**)
b) Unfälle im Sport passieren meistens, weil die Sportler zu wenig Rücksicht aufeinander nehmen. (**Kausalsatz**)
c) Nachdem ein Wettkampf richtig begonnen hat, fällt Zurückhaltung häufig besonders schwer. (**Temporalsatz**)
d) Indem man sich selbst im Zweikampf kontrolliert, kann man seinen Gegner schonen. (**Modalsatz**)
e) Wo Gefahren lauern, muss man besonders vorsichtig miteinander umgehen. (**Lokalsatz**)
f) Während jemand verletzt am Boden liegt, sollten die anderen nicht einfach weitermachen (**Temporalsatz**)
g) Jeder sollte Rücksicht auf andere nehmen, weil man selbst auch Rücksicht erwartet. (**Kausalsatz**)
h) Ein Sportler, der sich fair verhält, ist ein Vorbild für andere. (**Relativsatz**)

Seite 111

12 a) Aussagesatz (.) b) Aufforderungssatz (!) c) Fragesatz (?)
d) Aufforderungssatz (!) e) Aussagesatz (.)

STICHWORT-VERZEICHNIS

BILDQUELLENVERZEICHNIS

Evelyn Neuss Illustration, Hannover: 13.1, 15.1, 18.1, 20.1, 21.1, 35.1, 37.2, 39.1, 41.1, 42.1, 48.2, 50.1, 56.2, 63.2, 70.1, 72.1, 76.1, 79.1, 92.1, 95.1, 101.1, 107.2, 109.1. | iStockphoto.com, Calgary: Denis Novikov Titel; Insh1na 59.2; Teploleta Titel; ulimi 4.1, 5.1. | © Mavie Noelle: Titel, Titel, 1.1, 1.2, 1.3, 1.4, 1.5, 1.6, 1.7, 1.8, 1.9, 1.10, 1.11, 1.12, 1.13, 1.14, 1.15, 1.16, 1.17, 1.18, 1.19, 1.20, 1.21, 1.22, 1.23, 1.24, 3.1, 3.2, 11.1, 11.2, 16.1, 19.1, 29.1, 37.1, 40.2, 43.1, 51.1, 57.1, 59.1, 77.1, 89.1, 89.2, 91.2, 95.2, 99.1, 102.1, 109.2, 111.1.

Mavie